6000 Englische Vokabeln nach Häufigkeit

Anke Dieckmann

6000 Englische Vokabeln nach Häufigkeit

Kernwortschatz für Schule, Studium und Beruf

Autorin

© 2023 Anke Dieckmann
Hauersweg 16
D-22303 Hamburg
buch@anke-dieckmann.de

Bibliografische Information der Deutschen Nationalbibliothek:
Die Deutsche Nationalbibliothek verzeichnet diese Publikation in der Deutschen Nationalbibliografie; detaillierte bibliografische Daten sind im Internet über http://dnb.dnb.de abrufbar. © 2023 Anke Dieckmann, Ulrich Bannier
Gesetzt mit LaTeX
Herstellung und Verlag: BoD – Books on Demand, Norderstedt
ISBN: 978-3-7568-7877-2

Inhaltsverzeichnis

Vorbemerkungen

Dieses Buch enthält mehr als 6000 Vokabeln, die nach der Häufigkeit ihres Vorkommens bei Wikipedia sortiert sind. So kann man die wichtigsten Wörter zuerst lernen. Für die Ermittlung der Worthäufigkeiten wurde der englische Teil von Wikipedia ausgezählt; über eine Milliarde Wörter. Eine Wortreihenfolge ist aber nie absolut. Sie hängt immer von der zugrunde liegenden Wortsammlung (dem Textkorpus) ab. Aus praktischen Gesichtspunkten ist die in diesem Buch vorgestellte Reihenfolge wegen der sprachlichen Vielfalt von Wikipedia aber gut nutzbar.

Damit das Buch auch die Oxford 3000 and 5000 Wortliste für die Sprachstufen A1 bis C1 des Gemeinsamen Europäischen Referenzrahmens für Sprachen CEFR (Common European Framework of Reference for Languages)

www.oxfordlearnersdictionaries.com/wordlists/oxford3000-5000

berücksichtigen kann, wurden einige weniger häufige Wörter ergänzt.

Das Buch ist kein alphabetisch sortiertes Nachschlagewerk, sondern eine Auswahl der wichtigsten englischen Vokabeln zum Erlernen eines aktiven Wortschatzes. Es ist für Schule, Studium und Beruf einsetzbar.

Unterschiedliche Schreibweisen des britischen und amerikanischen Englisch werden aufgeführt. Wird eine Schreibweise oder ein Wort nur in einem Sprachraum verwendet, dann wird das an dem englischen Wort gekennzeichnet. Hat ein bestimmtes englisches Wort je nach Sprachraum unterschiedliche Bedeutungen, dann finden Sie die Kennzeichnung an der deutschen Übersetzung.

Zusätzlich enthält das Buch Ratschläge, wie man das Erlernen der Vokabeln und der Aussprache durch das Internet unterstützen kann.

Bedanken möchte ich mich bei Prof. Dr. Ulrich Bannier, der Programme entwickelt hat, die die Erstellung dieses Buches erst möglich gemacht haben.

Ich habe dieses Buch mit großer Sorgfalt erstellt. Wie jedes Fachbuch, so kann auch dieses Buch Fehler enthalten. Senden Sie mir gerne Hinweise auf grobe Fehler und Verbesserungsvorschläge.

Anke Dieckmann

Lernen mit dem Internet

Wir haben keine Lautschrift für die englischen Wörter angegeben, weil das Internet viele Möglichkeiten bietet, sich die Aussprache anzuhören. Außerdem kann kaum noch jemand die Lautschrift richtig interpretieren. Auf dem Online-Lexikon[1]

www.thefreedictionary.com

und bei Oxford 3000 and 5000 (Vokabeln nach CEFR)

www.oxfordlearnersdictionaries.com/wordlists/oxford3000-5000

können Sie sich für viele Wörter die amerikanische und britische Aussprache anhören. Klicken Sie jeweils auf die Lautsprechersymbole. Bei

translate.google.com

können Sie sich ganze Sätze im britischen Englisch vorlesen lassen.

Brauchbare Online-Lexika, die wir auch zur Erstellung dieses Buches genutzt haben, sind

tureng.com
www.dict.cc
dict.leo.org
www.linguee.de

Linguee enthält auch ganze Beispielsätze.

---

[1] Leider ändern sich Internetadressen häufig, sodass die Verfügbarkeit der angegebenen Internetseiten nicht garantiert werden kann. Auch sind nicht alle Fachausdrücke in jedem Lexikon enthalten.

Abkürzungen und Zeichenerklärung

[ ]   Eckige Klammern enthalten zusätzliche Hinweise oder Erklärungen zu einem Wort.

( )   Runde Klammern werden für optionale Formulierungen verwendet. Z.B. steht *Ureinwohner(in)* abkürzend für *Ureinwohner* und *Ureinwohnerin*.

/   Auch der Schrägstrich / wird für optionale Formulierungen verwendet. Z.B. steht *gefährdete/bedrohte Arten* für *gefährdete Arten* bzw. *bedrohte Arten*.

,   Gelegentlich wird auch das Komma für optionale Formulierungen verwendet. Z.B. steht *eine(r,s)* für *eine*, *einer* oder *eines*.

;   Das Semikolon trennt Wortarten voneinander ab.

-       Ein Bindestrich am Ende eines Wortes bedeutet, das dieses Wort in Wortzusammensetzungen verwendet wird.

BE   Ein hinter einem Wort hochgestelltes *BE* verweist auf britisches Englisch bzw. auf eine Bedeutung, die überwiegend nur im britischen Sprachraum gebräuchlich ist.

AE   Ein hinter einem Wort hochgestelltes *AE* verweist auf amerikanisches Englisch bzw. auf eine Bedeutung, die überwiegend nur im amerikanischen Sprachraum gebräuchlich ist.

PL   *PL* weist auf eine spezielle Pluralform des Wortes hin.

PS   Kürzel für Past Simple, z.B. went als *PS* von go

PP   Kürzel für Past Participle, z.B. gone als *PP* von go

VF   Kürzel für Verlaufsform, z.B. going als *VF* von go

KO   Kürzel für Komparativ, z.B. better als *KO* von good

SU   Kürzel für Superlativ, z.B. best als *SU* von good

Akk.   Akkusativ

Wortschatz Englisch-Deutsch

Vokabeln 1 bis 100

the	der, die, das; derjenige, diejenige, dasjenige
be *PS* was/were[Plural] *PP* been	sein, sich befinden, existieren
of	von
and	und
a	ein, eine
an [vor Vokallauten]	ein, eine
in	in, an, auf; hinein
to	zu, zum, nach, bis; um zu
as	als, da, wie, während
for	für, zu; denn
on	auf, an; angeschaltet; weiter
have *PS* had *PP* had	haben, besitzen
that	das, welche; dass
by	bei, durch, neben, von
with	mit
it	es
he	er
from	von, aus, stammen von/aus
at	an, bei, um, gegen, in, zu
this	dies(e,er,es)
his	sein(e,s)
make *PS* made *PP* made	machen, (an)fertigen; Fabrikat, Marke
or	oder
not	nicht
which	welche(r,s), der, die, das
I	ich
do *PS* did *PP* done	tun, machen
also	auch, außerdem
but	aber, außer, sondern; doch
use	anwenden, benutzen, gebrauchen; Anwendung, Benutzung, Gebrauch
one	ein(er,e,s); man; Eins
page	Seite; ausrufen lassen
first	erste(r,s); erstens, zuerst
talk	Gespräch, Vortrag; (be)sprechen, reden
article	Artikel, Ware
their	ihr, ihre
they	sie
other	andere(r,s)
who	welche(r,s), der, die, das, wer
new	neu

much *KO* more *SU* most	viel, sehr
its	sein(e,s), ihr(e)
become *PS* became *PP* become	werden
year	Jahr
there	da, dort, dorthin
after	nach, hinter; danach, hinterher; nachdem
no	nein; kein(e); Nein
all	alle(s); ganz
state	Staat, Zustand; staatlich; darlegen [z. B. eine Fragestellung]
time	Zeit, Mal; zeitlich abstimmen, timen
should	sollte(st,n,t), müsste(st,n,t)
her	ihr, ihre, sie
two	zwei; Zwei
when	wann; als, wenn
such	derartig; solche(r,s)
she	sie
you	du, Sie, euch, ihr, man
more	mehr
can *PS* could *PP* could *VF* canning	können, dürfen, einmachen; Dose
would	würde(st,n,t)
name	Name; benennen, (er)nennen
some	einige, ein paar; etwas
discussion	Diskussion, Besprechung
into	in
about	ungefähr, zirka, etwa; über
only	nur; einzig(e)
if	wenn, falls, ob
take *PS* took *PP* taken	nehmen, einnehmen
school	Schule; ausbilden
know *PS* knew *PP* known	kennen, können, wissen
most	die/am meisten, meist
work	Arbeit; arbeiten, funktionieren
during	während
play	spielen; Spiel, Schauspiel
up *PS* upped *PP* upped	auf(wärts), hinauf, oben
over	vorbei, herüber, hinüber; über; übrig
out	aus, heraus, hinaus
many *KO* more *SU* most	viele
city	Großstadt, City, Innenstadt
then	damalig; dann
edit	editieren, bearbeiten
where	wo, wohin
see *PS* saw *PP* seen	sehen
so	so, also

will *PS* would *PP* —	wollen; Wille, Testament
than	als
him	ihm, ihn
these	diese
part	Teil, Rolle; teilen, trennen
world	Welt
comment	Bemerkung, Kommentar; anmerken, kommentieren
may *PS* might	dürfen, können, mögen
under	unter; darunter
include	beinhalten, enthalten, einbeziehen
them	ihnen, sie
area	Fläche, Bereich, Zone
being	Dasein, Sein, Lebewesen
between	dazwischen; zwischen, unter
people	Leute, Menschen, Volk; man
go *PS* went *PP* gone	(weg)gehen, (weg)fahren, verstreichen; Go(spiel)

Vokabeln 101 bis 200

game	Spiel, Partie
any	irgendein, beliebig, jeder; ein
show *PS* showed *PP* shown/showed	zeigen, ausstellen; Ausstellung, Schau
later	später, nachträglich
absent	abwesend, fehlend
high	hoch, unter Drogen stehen; Hoch, Höhe(punkt)
following	anschließend, folgend; Folgende(r,s)
well *KO* better *SU* best	gut, wohl, gesund; Brunnen
call	Ruf, Aufruf, Telefonanruf; rufen, anrufen, nennen
member	Mitglied
university	Universität, Hochschule; Hochschul-, Universitäts-
team	Mannschaft, Team
however	jedoch; aber
further	weiter; fördern
while	solange, während; Weile
united	vereint, vereinigt
record	Aufzeichnung, (schriftlicher) Bericht, Akte, Datensatz [Computer], Schallplatte, Rekord; aufzeichnen
place	Ort, Platz, Stelle; stellen, setzen, legen
film	Film, Schicht, Belag; (ver)filmen
three	drei; Drei
like	gleich, ähnlich; wie; mögen
what	was, welche(r,s)
national	national, staatlich; Staatsbürger(in)
please	bitte (sehr); bitten, erfreuen, gefallen
group	Gruppe, Gruppierung; (sich) gruppieren

family	Familie; familiär, Familien-
both	beide (zusammen)
number	Nummer, Anzahl, Zahl; nummerieren
before	bevor, ehe; vor; vorher, zuvor
war *PS* warred *PP* warred *VF* warring	Krieg; sich bekriegen
release	Freilassung, Freisetzung, Freigabe, Entlassung, Veröffentlichung [z. B. eines Buchs]; freigeben, entlassen
through	durch
American	amerikanisch; Amerikaner(in)
since	seit, seitdem, da, weil
result	Ergebnis, Resultat; resultieren, sich ergeben
now	jetzt, nun; Jetzt
born	geboren
second	zweite; Sekunde, Zweite
May	Mai
day	Tag
because	weil
form	Form, Formular, Schulklasse *BE*; bilden, formen, gestalten
subsequent	darauffolgend, (nach)folgend, anschließend
review	Review, Rezension, Überprüfung; rezensieren, überprüfen
early *KO* earlier *SU* earliest	früh; frühzeitig
including	einschließlich
debate	Debatte; debattieren, diskutieren
say *PS* said *PP* said	sagen; Mitspracherecht
get *PS* got *PP* gotten *AE*/got *VF* getting	bekommen, (mit)bringen, erhalten, holen, begreifen
come *PS* came *PP* come *VF* coming	kommen
archive	Archiv; archivieren
large	groß, enorm
album	Album
list	Liste, Verzeichnis; auflisten
run *PS* ran *PP* run *VF* running	laufen, rennen; Lauf(masche), Fahrt
lead *PS* led *PP* led	(an)führen, leiten; Führung, Blei, Bleistiftmine; bleiern
company	Unternehmen, Firma, Gesellschaft, Kompanie
March	März
find *PS* found *PP* found	finden; Fund, Entdeckung
just	gerade, genau, nur
win *PS* won *PP* won *VF* winning	gewinnen; Gewinn, Sieg
system	System
refer (to)	verweisen (auf), (sich) beziehen (auf)
end	Ende, Schluss; (be)enden
south	Süden;; südlich
until	bis (dass)

several	mehrere, verschiedene; einige
January	Januar
season	Jahreszeit, Saison; würzen
against	gegen
own	eigen, selbst; besitzen
county	Grafschaft, Bezirk
long	lang, weit; sich sehnen
my	mein(e)
write *PS* wrote *PP* written	schreiben
series	Reihe, Serie, Baureihe
modify	modifizieren, (ab)ändern, verändern
book	Buch; buchen
point	zeigen; Punkt, Spitze
base	Basis, Stützpunkt, Base; basieren
category	Kategorie, Rubrik
service	Service, Dienst(leistung), Bedienung, Gottesdienst; warten [instand halten]
north	Norden; nördlich
start	Anfang, Beginn, Start; anfangen, beginnen
September	September
we	wir
could	könnte(st,n,t)
town	Stadt
old *KO* older/elder[1] *SU* oldest/eldest[1]	alt
October	Oktober
July	Juli
very	sehr, genau
age	Alter, Zeitalter; altern
August	August
force	Kraft, Macht, Stärke, Zwang; (er)zwingen, drängen
the United States	die Vereinigten Staaten
the same	derselbe, dieselbe, dasselbe; egal
each	jede(r,s); jeweils
begin *PS* began *PP* begun *VF* beginning	anfangen, beginnen
feature	Eigenschaft, Merkmal; besonders herausstellen, darbieten

Vokabeln 201 bis 300

link	Link, Bindeglied, Verbindung; verbinden
line	Linie, Leine, Zeile, Leitung, Telefonleitung; linieren
appropriate	geeignet, angemessen
December	Dezember

---

[1]Nur bei Personen.

June	Juni
house	Haus, Gebäude; beherbergen
music	Musik; musikalisch
change	Änderung, Veränderung, Wandel, Wechselgeld; ändern, umsteigen, wechseln
November	November
song	Lied, Gesang
station	Bahnhof, Station; stationieren
found	(be)gründen, (vor)gefunden
create	erzeugen, erschaffen, hervorbringen
above	oben; oberhalb, über; obige(r,s); das vorher Erwähnte
April	April
great	groß, großartig, bedeutend
build PS built PP built	bauen, (an)fertigen
district	Bezirk, Gebiet, Distrikt
user	Anwender(in), Benutzer(in), User(in)
February	Februar
source	Quelle, Ursprung, Ursache
way	Weg, Art und Weise
band	Band, Musikgruppe, Bande
even	eben, gerade [Zahl], gleichmäßig; selbst, sogar
appear	(er)scheinen, auftauchen
man PL men	Mann, Mensch
population	Bevölkerung, Population
hold PS held PP held	halten, behalten; Halt, Griff
as well	auch, ebenfalls
party	Party, Feier, Partei, Gruppe
small	gering, klein
those	jene
centre	Zentrum, Mittelpunkt; zentrieren
provide	versorgen, bereitstellen
government	Regierung
back	zurück, rückwärts; Rückseite, Hintergrund, Rücken, Heck; (unter)stützen
order	Auftrag, Befehl, Ordnung; bestellen, befehlen
serve	dienen, servieren
country	Land, Landschaft; ländlich
another	eine andere, ein anderer, ein anderes; noch ein(er,e,s))
give PS gave PP given	geben
live	leben, wohnen; lebendig, lebend, Live-
move	bewegen, versetzen, umziehen; Bewegung, Umzug
below	unten, unterhalb; unter
view	Ansicht, Aussicht, Blick(winkel); betrachten
need	brauchen, benötigen; Bedarf, Bedürfnis, Notwendigkeit

still	ruhig, still; beruhigen, stillen; (immer)noch; doch, dennoch
general	allgemein, generell; General
return	zurückkehren, zurückschicken; Rückkehr, Ertrag, Rendite
award	Auszeichnung; auszeichnen, verleihen
home	Haus, Heim, Zuhause; zu Hause
case	Angelegenheit, Fall, Sache, Kasten, Kästchen, Koffer
player	Spieler(in)
public	öffentlich; Öffentlichkeit, Publikum
here	hier, hierher
college	College, Hochschule, Kollegium
four	vier; Vier
club	Klub, Verein, Keule, Knüppel, Polizeiknüppel
river	Fluss
program *PS* programmed/programed *AE* *PP* programmed/programed *AE* *VF* programming	Programm [Computer]; programmieren
program *AE*	Sendungen [Radio, TV], Programmheft, Ablaufplan
programme *BE*	Sendungen [Radio, TV], Programmheft, Ablaufplan
your	dein(e), euer(e), Ihr(e)
right	rechts; richtig; Recht
report	Bericht, Report; berichten
support	Unterstützung; unterstützen
child *PL* children	Kind
west	Westen;; westlich, nach Westen
delete	löschen, streichen
around	herum, ringsherum, ungefähr, gegen; um … herum
history	Geschichte
how	wie
league	Liga, Bündnis
village	Dorf
although	obwohl, obgleich
set *PS* set *PP* set *VF* setting	(ein)stellen, setzen, legen; festgesetzt; Menge, Satz [z. B. Tennis, Briefmarken]
single	einzeln, ledig; Single
century	Jahrhundert
church	Kirche
me	mir, mich, ich
last	letzte(r), vorige(r); zuletzt; (an)dauern, (aus)reichen
international	international
receive	empfangen, erhalten, beziehen
issue	Ausgabe [z. B. einer Zeitschrift], Angelegenheit, Sache; ausgeben, ausstellen [z. B. Pass]
best	beste(r,s); [der/die/das] Beste; übertreffen

within	innerhalb, binnen
student	Student(in), Schüler(in); studentisch
life *PL* lives	Leben
major	bedeutend, wichtig, Haupt-; Major(in)
open	offen; eröffnen, öffnen
law	Gesetz, Recht, Jura, Naturgesetz
often	oft, häufig
study	Studium, Studie, Arbeitszimmer; studieren, lernen, untersuchen
British	britisch; Brite, Britin, Briten
design	Entwurf; entwerfen
die *VF* dying	sterben
power	Power, Leistung, Macht, Befugnis, Potenz [Mathematik]
community	Gemeinde, Gemeinschaft, Gesellschaft
section	Abschnitt, Abteilung, Sektion; teilen
continue	weitermachen, fortsetzen, andauern

Vokabeln 301 bis 400

art	Kunst
local	lokal, örtlich; Einheimische
different	verschieden, unterschiedlich
produce	herstellen, produzieren, erzeugen, hervorbringen
former	ehemalig, früher
as well as	sowie, (sowohl ...) als auch
help	Hilfe; helfen
main	hauptsächlich, Haupt-
island	Insel
image	Abbild, Spiegelbild
east	Osten; östlich; nach Osten
example	Beispiel, Vorbild
term	Ausdruck, Begriff, Terminus, Term, Semester, Amtszeit; bezeichnen, (be)nennen
cover	Abdeckung, Decke, Deckel, Überzug; zudecken, abdecken
original	original, originell; Original
close	(ab)schließen, zumachen; dicht, eng, genau, nah; Ausklang, Abschluss
due	fällig, angemessen
air	Luft; lüften
left	(nach) links; linke(r,s); Linke
along	entlang; weiter
though	obwohl, obgleich
publish	veröffentlichen
propose	vorschlagen, beabsichtigen
version	Version

good *KO* better *SU* best	gut; Gut(e,es)
think *PS* thought *PP* thought	denken, meinen, vermuten
preserve	bewahren, konservieren; Eingemachtes
allow	erlauben, zulassen
English	Engländer(in), Englisch; englisch
side	Seite, Rand
again	wieder, nochmals
king	König
death	Tod
event	Ereignis, Veranstaltung
note	Anmerkung, Notiz, Note, Geldschein; anmerken, notieren, beachten
son	Sohn
involve	involvieren, verwickeln
few	wenige
title	Titel, Überschrift
race	Rasse, Wettrennen; rennen
present	anwesend; Gegenwart, Geschenk; präsentieren
football	Fußball, Fußballspiel *BE*, American Football *AE*
look	(hin)schauen, hinsehen, aussehen; Blick, Aussehen
road	Straße, Weg
due to	wegen, aufgrund, durch
land	Grundbesitz, Land; landen
down	abwärts, herunter, hinunter, hinab; niedergeschlagen
keep *PS* kept *PP* kept	behalten, halten, aufbewahren
project	Projekt; projizieren, projektieren
park	Park; parken
woman	Frau
site	Stätte, Ort, Stelle, Bauplatz
consider	betrachten als, halten für, berücksichtigen, erwägen,(sich) überlegen
given	gegeben. vorgegeben
information	Information, Auskunft
water	Wasser; begießen, (be)wässern
off	aus(geschaltet); weg
claim	Anspruch; beanspruchen, behaupten
president	Präsident(in), Direktor(in) *AE*
don't	Abk. für: do not / does not
character	Charakter, Wesen, Buchstabe
language	Sprache
final	endgültig, entscheidend; Finale, Endspiel
without	außer;; ohne
every	jede(r,s), alle
army	Armee
establish	feststellen, etablieren, gründen

top *PS* topped *PP* topped *VF* topping — übertreffen; Spitze, Oberteil; hervorragend, beste
story — Geschichte, Erzählung, Stockwerk *AE*
region — Bereich, Gegend, Region
accord — Vereinbarung, Übereinstimmung; übereinstimmen, bewilligen
field — Feld, Fachgebiet, Körper [mathematische Struktur]
subject — Gegenstand, Subjekt, Thema, Betreff
word — Wort
join — verbinden, vereinigen, beitreten; Verbindung(sstelle)
head — Kopf, Chef; anführen, den Vorsitz haben
attack — Angriff, Attacke, Anfall; angreifen, attackieren
near — nahe; nah; nahe bei, in der Nähe von
currently — gegenwärtig, momentan
according to — entsprechend, gemäß, in Übereinstimmung mit, zufolge
lose *PS* lost *PP* lost — verlieren
follow — verfolgen, befolgen
among — zwischen, inmitten
contain — enthalten, beinhalten
star — Stern, Star [Berühmtheit]
cause — Grund, Ursache; verursachen
text — Text
court — Gericht(shof), Hof, Tennisplatz; umwerben, hofieren
level *PS* leveled *AE*/levelled *BE* *PP* leveled *AE*/levelled *BE* *VF* leveling *AE*/levelling *BE* — Level, Niveau; ebnen
third — dritte; Dritte, Drittel
act — handeln, spielen [Theater]; Akt, Gesetz, Handlung, Tat
German — Deutsche(r), Deutsch; deutsch
five — fünf; Fünf
building — Bauwerk, Gebäude
editor — Editor(in), Herausgeber(in), Textverarbeitungsprogramm
common — gewöhnlich, allgemein, gemeinsam, häufig
full stop [punctuation] *BE*, **period** *AE* — Periode, Zeitabschnitt, Punkt [in einem Text], Menstruation
problem — Problem, Aufgabe
French — Französin, Franzose, Französisch; französisch
seem — (so) scheinen

Vokabeln 401 bis 500

street — Straße
fall *PS* fell *PP* fallen — fallen, stürzen; Fall, Sturz, Herbst *AE*
organization [auch: organisation *BE*] — Organisation
development — Entwicklung
division — Abteilung, Division, Teilung

father	Vater, Pater
role [auch rôle]	Rolle, Brötchen; rollen
position	Lage, Position, Standpunkt; positionieren
research	Forschung, Erforschung; forschen
various	verschieden(artig), verschiedene
white	weiß; Weiß
process	Prozess, Vorgang; verarbeiten, bearbeiten
bar *PS* barred *PP* barred *VF* barring	Riegel, Balken, Bar *AE*, Theke *AE*; verriegeln
per	per, pro, für
complete	vollständig, vollendet, völlig; vervollständigen, fertig stellen, vollenden
offer	Angebot; anbieten
late	spät, verspätet, verstorben
believe	glauben
class	Klasse, Unterrichtsstunde
career	Karriere, Laufbahn, Werdegang
similar	ähnlich, gleich(artig)
perform	ausführen, durchführen, vorführen, aufführen
person	Person
block	blockieren, versperren, verstopfen; Block
meet *PS* met *PP* met	treffen, begegnen, entsprechen
political	politisch
bring *PS* brought *PP* brought	bringen
reach	(er)reichen; Reichweite
never	nie, niemals
business	Business, Unternehmen, Geschäft, Angelegenheit
species	Art, Spezies
black	schwarz; Schwarz, Schwärze; schwärzen
next	nächste(r,s)
office	Büro
England	England
vote	Abstimmung, Stimme [Wahl]; abstimmen, wählen
track	Spur, Fährte, Pfad, Weg, Gleis; verfolgen
account	Konto, Bericht, Auflistung; verantwortlich sein für
election	Wahl
kill	töten, ermorden, erlegen
championship	Meisterschaft
leave *PS* left *PP* left *PL* leaves	verlassen, abfahren; Abreise, Urlaub
attempt	Bestreben, Versuchen; versuchen
central	zentral
describe	beschreiben
total *PS* totaled *AE*/totalled *BE* *PP* totaled *AE*/totalled *BE* *VF* totaling *AE*/totalling *BE*	ganz, gesamt, völlig; Gesamtsumme; sich belaufen auf

tell *PS* told *PP* told	erzählen, sagen, berichten
thing	Ding, Sache
month	Monat
once	einmal; einst, wenn
current	gegenwärtig, aktuell, derzeitig; Strömung, (elektrischer) Strom
radio	Radio; funken
young *KO* younger *SU* youngest	jung; Jungtier
mile	Meile
free *PS* freed *PP* freed *KO* freer *SU* freest	frei; kostenlos; befreien
television	Fernsehen, Television
develop	(sich) entwickeln, (sich) entfalten
question	Frage; ausfragen, in Frage stellen, bezweifeln
battle	Kampf, Schlacht; (be)kämpfen
important	wichtig, wesentlich, bedeutend
little *KO* less^2/smaller^3 *SU* least^2/smallest^3	klein; wenig
female	weiblich; Frau, weibliches Wesen
type	Art, Sorte, Typ; tippen [Tastatur]
turn	(um)drehen, (um)wenden, abbiegen; Drehung, Wendung
plan *PS* planned *PP* planned *VF* planning	Plan, Entwurf; planen
short	kurz; kurzschließen; Kurzschluss
military	militärisch; Militär
operate	bedienen, betreiben, handhaben, operieren, handeln
marry	heiraten, verheiraten
department	Abteilung, Fachbereich
control *PS* controlled *PP* controlled *VF* controlling	Kontrolle, Regelung, Steuerung; kontrollieren, regeln, steuern
fact	Tatsache
council	Rat, Ratsversammlung, Konzil
production	Herstellung, Produktion
post	Post ^{BE}, Pfosten, Posten; [Brief] aufgeben ^{BE}, posten [z. B. im Internet], [z. B. Plakat] anschlagen
unit	Einheit
rule	regieren, herrschen; Herrschaft, Regel, Vorschrift
full	voll, satt
together	zusammen, gemeinsam; beisammen
date	Datum, Termin, Verabredung, Dattel(palme); datieren
science	Wissenschaft
living	lebend; Lebensunterhalt
rather	eher, lieber, ziemlich

---

^{2}Wenn little im Sinne von wenig verwendet wird.
^{3}Wenn little im Sinne von klein verwendet wird.

reason	Ursache, Vernunft, Verstand; logisch denken, vernünftig urteilen, folgern, erörtern
popular	populär, beliebt, volkstümlich
policy	Politik [konkrete Inhalte, Überzeugungen, Programme, Handlung], Grundsatz, Police
require	benötigen, brauchen
sign	Zeichen, Schild, Vorzeichen; unterschreiben
add	addieren, ergänzen, hinzufügen
western	westlich; Western [Film]
ask	fragen, bitten, verlangen; Ask [Angebotskurs bei Wertpapieren], Brief(kurs)
union	Union, Verein(igung), Verbindung, Gewerkschaft; gewerkschaftlich
director	Direktor(in), Regisseur(in)
try	(aus)probieren, versuchen; Versuch
put *PS* put *PP* put *VF* putting	legen, setzen, stellen
increase	Zuwachs, Zunahme; vermehren, zunehmen, steigern, erhöhen
sell *PS* sold *PP* sold	verkaufen; Verkauf(smethode)
average	Durchschnitt; durchschnittlich; mitteln [den Durchschnitt bilden]
reference	Referenz, Bezug(nahme); Referenz-, Bezugs-; referenzieren
million	Million

Vokabeln 501 bis 600

official	offiziell, amtlich; Amtsperson
represent	darstellen, repräsentieren, vertreten
brother	Bruder
action	Aktion, Handlung, Tat
must	müssen; Muss
operation	Operation, Arbeitsweise, Funktionsweise, Betrieb
body	Körper
society	Gesellschaft
individual	individuell; Einzelperson, Individuum
usually	gewöhnlich(erweise), üblicherweise
France	Frankreich
making	Herstellung, Zubereitung
light *PS* lit/lighted *PP* lit/lighted	Licht, Beleuchtung; hell, leicht; anzünden, beleuchten
direct	direkt, unmittelbar; lenken, (an)leiten, dirigieren
board	Brett, Tafel [an der Wand], Gremium; einsteigen, besteigen, entern
education	Ausbildung, Bildung
hit *PS* hit *PP* hit *VF* hitting	Hit, Treffer, Schlag; schlagen, treffen
pass	Ausweis, Pass, Gebirgspass; passieren, vorbeifahren, vorbeigehen, überholen

week	Woche
too	zu, auch, ebenfalls
match	Streichholz, Wettkampf; passen (zu), zusammenpassen, entsprechen
rock	Fels(en), Stein; schaukeln, schwanken
standard	normal; Norm, Standard
association	Verband, Verein(igung)
either	beide, beiderlei; eine(r,s) (von beiden); entweder; auch [in verneinenden Sätzen nachgestellt]
grow *PS* grew *PP* grown	wachsen
himself	(er) selbst, sich (selbst)
episode	Episode, Affäre, Folge [Filmserie]
model *PS* modeled *AE*/modelled *BE* *PP* modeled *AE*/modelled *BE* *VF* modeling *AE*/modelling *BE*	Modell, Muster; modellieren
score	Ergebnis, Wertung, Punktestand, Spielstand; [gut/schlecht] abschneiden, [Ergebnis] erzielen
ship *PS* shipped *PP* shipped *VF* shipping	Schiff; (ver)schiffen
remove	entfernen, beseitigen
tour	Tour(nee), Reise; reisen
route	Route, Strecke; leiten
northern	nördlich, Nord-; Nordländer(in)
fire	Feuer; schießen, (an)zünden
today	heute
available	verfügbar, vorhanden
hand	Hand, Zeiger [Uhr], Kartenblatt; reichen
want	wollen, brauchen; Mangel, Bedürfnis
California	Kalifornien
big *KO* bigger *SU* biggest	groß
America	Amerika
six	sechs; Sechs
space	Raum, Weltraum, Zwischenraum
video	Video(rekorder)
lie *PS* lied *PP* liedACHTUNG *VF* lying	(an)lügen, liegen; Lüge
range	Reichweite, Bereich; sich erstrecken
sport	Sport(art)
wagon [on a train] *BE*, **car** *AE*	Auto
style	Stil; stylen
strong	kräftig, stark
love	Liebe; lieben
artist	Künstler(in)
red *KO* redder *SU* reddest	rot; Rot
author	Autor(in), Schriftsteller(in)
high school *AE*	Oberschule, Gymnasium

less	geringer, weniger
Canada	Kanada
remain	verbleiben, (übrig) bleiben
media	Medien
file	Akte, Datei, Feile; abheften, einordnen, einreichen, einsenden, feilen
lake	See
network	(Netz)werk; vernetzen
course	Kurs, Lehrgang, Verlauf
consist (of)	bestehen aus
special	speziell
originally	originell
friend	Freund(in), Bekannte(r)
replace	ersetzen, auswechseln
far *KO* further/farther[4] *SU* furthest/farthest[4]	fern, weit
professional	professionell, fachmännisch; Fachmann, Fachfrau, Profi
limit	Grenze, Höchstgrenze, Begrenzung; begrenzen, beschränken
send *PS* sent *PP* sent	senden, (ab)schicken
royal	königlich
finish	Schluss, Ende, Finish; beenden, vollenden, polieren
addition	Addition, Zusatz
decide	(sich) entscheiden
modern	modern
might	könnte; Macht
upon	auf
material	Material, Stoff; materiell, wesentlich
notable	bemerkenswert, angesehen
Australia	Australien
square	Quadrat, Viereck, Platz; quadratisch, viereckig, Quadrat-; quadrieren
southern	südlich
working	Arbeit(en), Bearbeitung; arbeitend, funktionierend
round	rund; Runde; runden
cup	Becher, Tasse, Pokal
male	männlich; Mann, Männchen, männliches Wesen
India	Indien
thus	so, folglich; also
possible	möglich
mention	erwähnen; Erwähnung
personal	persönlich
household	Haushalt; Haushalts-
stage	Bühne, Stadium; veranstalten

---

[4]Nur räumlich.

European	Europäer(in); europäisch
defeat	Niederlage; besiegen
our	unser(e)

Vokabeln 601 bis 700

template	Vorlage, Schablone
feel *PS* felt *PP* felt	empfinden, fühlen, sich fühlen, betasten; Empfindung, Gefühl [Anfühlen]
a number of	eine Anzahl von, etliche
size	Größe; nach der Größe sortieren
leader	Anführer(in), Führer(in), Leiter(in)
used to	gewohnt (sein)
colour *BE*, color *AE*	Farbe; anmalen, (ver)färben, erröten
added	hinzugefügt, zusätzlich
least	geringste(r,s), kleinste(r,s), wenigste; am wenigsten; Geringste, Wenigste
theatre *BE*, theater *AE*	Theater
goal	Ziel, Tor [Sport], Treffer
instead	stattdessen, an Stelle
human	Mensch; menschlich
interest	Interesse, Zins(en), Beteiligung [Anteil]; interessieren
railway *BE*	Eisenbahn, Gleise
performance	Aufführung, Arbeitsleistung, Leistungsfähigkeit, Performance
already	schon, bereits
elect	wählen
social	gesellschaftlich, sozial
carry	tragen, befördern
summer	Sommer
Germany	Deutschland
away	weg, fort; abwesend
why	warum, weshalb
train	Eisenbahn, Zug; trainieren
enter	betreten, eintreten, eingeben [Computer]
value	Wert, Zahlenwert; bewerten, schätzen
minister	Minister(in) *BE*, Pfarrer(in)
province	Provinz
news	Nachricht(en), Neuigkeiten
request	Bitte, Gesuch; (er)bitten, ersuchen
hall	Halle, Diele, Flur, Saal
independent	unabhängig
idea	Idee, Gedanke, Meinung
suggest	vorschlagen
able	fähig, tüchtig, begabt
sound	Klang, Ton; klingen; fundiert, stimmig

magazine	Magazin, Zeitschrift
wife *PL* wives	Ehefrau, Gattin
mountain	Berg, Gebirge
eventually	schließlich
hill	Berg, Hügel, Anhöhe
throughout	durchweg, durchgehend; überall in
successful	erfolgreich
effect	Effekt, Auswirkung, Wirkung; bewirken
itself	sich, (sich) selbst
better	besser; verbessern
practise *BE*, **practice** *AE*	Gewohnheit, Praxis, Übung; (aus)üben, betreiben, praktizieren
world war	Weltkrieg
market	Markt(platz) [auch Börse], Handel, Absatzgebiet; verkaufen, vermarkten
Indian	Inder(in), Indianer(in); indisch, indianisch
almost	beinahe, fast, nahezu
coach	Coach, Trainer(in), Kutsche, Waggon, Reisebus *BE*; trainieren
for example	zum Beispiel
hour	Stunde
degree	Grad
significant	bedeutsam, signifikant
sometimes	manchmal
mean *PS* meant *PP* meant	meinen, bedeuten; Mittel, Mittelwert; mittlere, durchschnittlich
night	Nacht; nächtlich
daughter	Tochter
officer	Offizier(in)
product	Erzeugnis, Produkt, Ware
something	(irgend) etwas, irgendwas
done	(ab)gemacht, erledigt, fertig, gar
plant	[technische] Anlage, Fabrik, Pflanze; pflanzen
committee	Komitee, Ausschuss, , Gremium
movement	Bewegung, Stuhlgang
census	Volkszählung, Zensus, Zählung
stop *PS* stopped *PP* stopped *VF* stopping	Aufenthalt, Haltestelle, Stopp; anhalten, aufhören
seat	Sitz(platz); setzen
mother	Mutter; bemuttern
website [seltener: web site]	Webpräsenz, Website
income	Einkommen, Verdienst, Bezüge
someone	irgendeine(r), jemand
content	Inhalt; zufrieden; zufrieden stellen
actually	tatsächlich, in der Tat, eigentlich

despite	trotz, ungeachtet
occur *PS* occurred *PP* occurred *VF* occurring	geschehen, auftreten, vorkommen, sich ereignen
picture	Bild, Gemälde; sich (etwas) vorstellen
fail	versagen, durchfallen, fehlschlagen
activity	Aktivität, Betätigung, Tätigkeit
real	real, reell, echt, wirklich
exist	existieren
face	Gesicht, Miene, Oberfläche; ins Gesicht sehen
novel	neuartig; Novelle, Roman
host	Gastgeber(in), Wirt, Zentralcomputer, Host
police	Polizei; Polizei-
across	durch, herüber, hinüber; über
capital	Hauptstadt, Kapital, Großbuchstabe; groß
famous	berühmt
appearance	Erscheinung(sbild), Aussehen, Anschein
soon	bald
command	Befehl, Anweisung, Kommando; befehlen, kommandieren
test	Prüfung, Test, Untersuchung; prüfen, testen, untersuchen
at least	wenigstens, mindestens
Europe	Europa
Australian	australisch; Australier(in)
private	privat; Schütze [Soldat]
technology	Technologie

Vokabeln 701 bis 800

enough	genug
kingdom	Königreich
Japanese	Japaner(in), Japanisch; japanisch
bank	Bank [Finanzinstitut], Böschung, Ufer; [Geld] zur Bank bringen, ein Konto haben
fight *PS* fought *PP* fought	kämpfen, streiten; Kampf, Streit
Canadian	kanadisch; Kanadier(in)
break *PS* broke *PP* broken	Pause, Unterbrechung, Bruch, Durchbruch, Break [Tennis]; (zer)brechen, durchbrechen
a great deal	eine große Menge, (sehr) viel(e)
eastern	östlich
attend	teilnehmen
especially	besonders, vornehmlich
because of	wegen, infolge
regular	regelmäßig, regulär
industry	Industrie
generally	allgemein, im allgemeinen, (für) gewöhnlich

read PS read PP read	lesen, lauten
associate	Gesellschafter(in), Partner(in); assoziieren, verbinden; assoziiert
training	Ausbildung, Training
nation	Nation, Volk
movie	Film
introduce	vorstellen, einführen, einweisen
sea	Meer, See
low	niedrig, tief; Tiefpunkt, Tief
Japan	Japan
probably	wahrscheinlich, vermutlich
related	verwandt, verbunden
chief	Anführer(in), Chef(in); hauptsächlich
structure	Struktur, Aufbau, Gliederung; strukturieren, gliedern
museum	Museum
festival	Fest, Festspiel
function	Funktion, Aufgabe; funktionieren
share	teilen, gemeinsam haben; Anteil, Geschäftsanteil, Aktie
campaign	Kampagne [auch: Wahlkampagne, Wahlkampf, Werbekampagne], Feldzug; sich einsetzen, Krieg führen
traditional	traditionell
debut	Debüt
location	Lage, Standort, Stelle
theory	Theorie
choose PS chose PP chosen	aussuchen, auswählen
graduate	Hochschulabsolvent(in); Examen machen, graduieren, abstufen, staffeln
natural	natürlich
institute	Institut; instituieren, einrichten, errichten, gründen, in Gang setzen
rank	Rang; einstufen, eingestuft werden
evidence	Evidenz, Beweismaterial
broadcast PS broadcast/broadcasted PP broadcast/broadcasted	Rundfunksendung; senden
ever	je, jemals
speak PS spoke PP spoken	sprechen
computer	Computer, Rechner
data	Daten
commission	Kommission, Provision; beauftragen
rate	Rate, Gebühr, Tarif; (be)werten, (ein)schätzen, einstufen
really	wirklich
future	Zukunft, Future [Termingeschäft]; (zu)künftig
in addition	zusätzlich, außerdem
always	immer, stets
influence	Einfluss; beeinflussen

approximately	ungefähr, annähernd, etwa
municipality	Stadtgemeinde, Kommune
Christian	christlich; Christ(in), Christian
log *PS* logged *PP* logged *VF* logging	Log, Protokoll; protokollieren
separate	getrennt; trennen
clear	klar, deutlich, hell; (auf)klären, aufräumen, (be)reinigen
focus *PS* focused/focussed *PP* focused/focussed *PL* foci oder focuses *VF* focusing/focussing	Fokus, Brennpunkt, Herd [einer Krankheit]; bündeln, fokussieren
construction	Konstruktion
half *PL* halves	halb; Hälfte
thanks	Dank; danke
writer	Schriftsteller(in), Autor(in)
competition	Konkurrenz, Wettbewerb
mark	Marke, Zeichen, Schulnote; kennzeichnen, markieren, zensieren
studio	Studio, Atelier
charge	Gebühr, Ladung, Anklage; Gebühr erheben, aufladen, anklagen
whether	ob
girl	Mädchen
figure	Zahl, Ziffer, Figur [Gestalt], Abbildung; vermuten
property	Besitz, Eigentum, Grundstück, Eigenschaft
middle	Mitte; Mittel-, mittlere(r)
outside	außen, außerhalb, draußen; äußere; Außenseite
press	Presse, Druck(erpresse); drücken, pressen
appoint	ernennen, verabreden
visit	Besuch; besuchen
green	grün, unerfahren, Krank aussehen; Grün(ton)
past	Vergangenheit; vergangen; vorüber, vorbei; nach
front	Front, Vordergrund, Vorderseite; vordere, vorderste
draw *PS* drew *PP* drawn	zeichnen, ziehen; Verlosung, Ziehung, Remis [Schach], Unentschieden
bridge	Brücke; überbrücken
raise	(an)heben, erheben, erhöhen, steigern, sammeln [Geld], aufwerfen [Frage], aufziehen; Erhöhung, Gehaltserhöhung
collection	Sammlung, Ansammlung
native	Ureinwohner(in), Einheimische(r); einheimisch
apply	anwenden, auftragen [z. B. Creme], zutreffen, sich bewerben
civil	bürgerlich, zivil
announce	ankündigen, verkünden

channel	Kanal; kanalisieren, lenken, schleusen
PS channeled *AE*/channelled *BE*	
PP channeled *AE*/channelled *BE*	
VF channeling *AE*/channelling *BE*	
engine	Maschine, Motor, Triebwerk, Lokomotive
previous	früher, vorhergehend
in order to	um ...zu, um zu ...
whose	wessen
promote	fördern, befördern [Beruf], werben für
Roman	römisch; Römer(in)
yet	noch, doch, dennoch; schon, bis jetzt
seven	sieben; Sieben
primary	primär, hauptsächlich

Vokabeln 801 bis 900

success	Erfolg
health	Gesundheit(szustand)
stand *PS* stood *PP* stood	stehen (bleiben), standhalten; Stand, Standpunkt
trade	Handel, Gewerbe, Handwerk; gewerblich; handeln [mit Waren, Wertpapieren]
matter	Materie, Sache, Angelegenheit, Eiter; etwas ausmachen [von Bedeutung sein], etwas angehen
China	China
particular	speziell, besondere
deal *PS* dealt *PP* dealt	Abkommen, Geschäft; austeilen, verteilen
cross	Kreuz, Kreuzung; (sich) kreuzen, durchkreuzen, durchqueren, überqueren
fair	fair, gerecht, heiter [Wetter]; ganz schön; Messe, Jahrmarkt
honour *BE*, **honor** *AE*	Ehre; anerkennen, honorieren, (ver)ehren
pay *PS* paid *PP* paid	(be)zahlen; Bezahlung, Lohn
intend	beabsichtigen, vorhaben
launch	starten; Start
manage	managen, führen, verwalten
gain	erreichen, erlangen, erwerben, zunehmen; Zunahme, Anstieg
culture	Kultur
advance	voranschreiten, vorankommen, Fortschritte machen, vorstrecken [Geld]; Fortschritt, Vorschuss
drive *PS* drove *PP* driven	fahren, (ver)treiben, antreiben; Antrieb, Drang, Elan, Autofahrt, Zufahrt, Laufwerk [Computer]
effort	Versuch, Anstrengung, Mühe
republic	Republik
boy	Junge
coast	Küste

spend *PS* spent *PP* spent   verbringen, ausgeben
thought   Gedanke
method   Methode
commercial   kommerziell; Werbespot [TV]
recently   neulich, vor kurzem
aircraft   Flugzeug
valley   Tal
master   Meister(in), Master; meistern, bewältigen
discover   entdecken
letter   Brief, Buchstabe
room   Raum, Zimmer, freier Platz
doesn't   Abk. für: does not
typical   typisch
beginning   Anfang, Beginn
saw *PS* sawed *PP* sawed *AE*/sawn   Säge; sägen
store   Lager, Vorrat, Laden *AE*; aufbewahren, speichern
grant   Stipendium, Subvention, Zuschuss; erlauben, bewilligen, gewähren
certain   gewiss(e,er,es), sicher
median   mittlere
accept   akzeptieren, hinnehmen, anerkennen, annehmen
Russian   russisch; Russin, Russe
mission   Mission, Berufung
condition   Bedingung, Voraussetzung, Zustand, Lage; bedingen, konditionieren
federal   bundesstaatlich, föderal, Bundes-
access   Zugang, Zugriff, Zutritt; zugreifen [z. B. auf Daten]
purpose   Absicht, Zweck
let *PS* let *PP* let *VF* letting   (zu)lassen, erlauben, vermieten; Mietdauer *BE*
Chinese   Chinesin, Chinese, Chinesisch; chinesisch
search   (durch)suchen; Suche, Durchsuchung
experience   Erfahrung, Erlebnis; erfahren, erleben
arrive   ankommen
authority   Autorität, Behörde, Amtsgewalt, Vollmacht, Befugnis
foot *PL* feet   Fuß
minute   Minute, Augenblick; winzig
energy   Energie
bay   Bai, Bucht
bill   Rechnung, Gesetz(entwurf), Banknote *AE*; berechnen, eine Rechnung ausstellen
candidate   Kandidat(in)
writing   Schreiben, Schriftstellerei
simply   einfach
Catholic   Katholik(in); katholisch
decision   Entscheidung, Entschluss, Beschluss

active	aktiv, tätig; Aktiv
etc. [=et cetera]	etc., usw., und so weiter
travel *PS* traveled *AE*/travelled *BE* *PP* traveled *AE*/travelled *BE* *VF* travelling	reisen; Reise
library	Bibliothek, Bücherei
professor	Professor(in)
border	Grenze, Rand; (be)grenzen
academy	Akademie
gold	Gold; golden
defence *BE*, **defense** *AE*	Verteidigung
in it	darin, drin
food	Lebensmittel, Nahrung
navy	Kriegsmarine
lower	niedriger, untere(r,es); (ab)senken, verringern
code	Code; kodieren, verschlüsseln
copyright	Copyright, Urheberrecht, Urheberschutz; urheberrechtlich; urheberrechtlich schützen
finally	endlich, schließlich, abschießend
blue *KO* bluer *SU* bluest	blau, trübsinnig; Blau
rest	Pause, Ruhe, Rest; ruhen, (sich) ausruhen, pausieren, verweilen [in einem Zustand]
couple	Paar; verkoppeln
ten	zehn; Zehn(er)
quick	schnell
Italian	Italiener(in), Italienisch; italienisch
regional	regional
address	Adresse, Anschrift, Ansprache; adressieren, anreden, in Angriff nehmen
wide	breit; weit
improve	(sich) verbessern
compete	konkurrieren, wettstreiten, sich messen
actor	Schauspieler(in), Darsteller(in), Akteur(in)
earth	Erde, Erdboden; erden
earth [electrical] *BE*, **ground** *AE*	Erdboden, Boden, Gelände; gemahlen; auf Grund laufen, erden *AE*
maintain	beibehalten, aufrechterhalten, instand halten, unterstützen
hope	Hoffnung; hoffen
management	Management, Unternehmensführung, Geschäftsleitung, Verwaltung
grand	gewaltig, groß, großartig
behind	hinten; Hintern; hinter

Vokabeln 901 bis 1000

reduce	reduzieren, verkleinern, verringern
chart	Chart, Diagramm; graphisch darstellen
numerous	zahlreich
participate	teilnehmen, teilhaben, partizipieren
money	Geld
forest	Wald, Forst; aufforsten
champion	Champion, Sieger(in)
select	(aus)wählen
hospital	Krankenhaus, Klinik, Hospital
themselves	(sich) selbst, sich, sie selbst
medical	medizinisch
prior	früher; Prior
previously	vorher
key	Schlüssel, Taste, Tonart; tippen [Tastatur]; entscheidend, Schlüssel-
particularly	besonders, insbesondere
extend	(sich) ausdehnen, erweitern, verlängern
Spanish	spanisch; Spanisch, Spanier [Plural]
true *KO* truer *SU* truest	wahr, richtig, (ge)treu, wahrhaft(ig)
in that	darein; insofern als
Ireland	Irland
transfer *PS* transferred *PP* transferred *VF* transferring	übertragen, verlegen; Übertragung, Verlegung
recognize [auch: recognise *BE*]	erkennen, anerkennen
facility	Einrichtung, Möglichkeit, Begabung, Geschicklichkeit
conference	Konferenz, Besprechung
amount	Betrag, Menge
edition	Ausgabe, Edition, Auflage
element	Element
therefore	darum, deshalb, deswegen
statement	Aussage, Behauptung, Feststellung, Abrechnung, Kontoauszug
newspaper	Zeitung
loss	Verlust
specific	spezifisch
happen	geschehen, passieren, sich ereignen, vorkommen
medal	Medaille, Orden
entire	ganz, vollständig
paper	Papier, Schriftstück, Zeitung
approach	sich nähern; Annäherung, Ansatz
Greek	Griechin, Grieche, Griechisch; griechisch
motorway *BE*, **highway** *AE*	Landstraße *BE*, Autobahn *AE*
historic	historisch

via	über, durch [von einem Ort zum anderen], via
governor	Gouverneur(in)
cost *PS* cost *PP* cost	Kosten; kosten [Preis]
sister	Schwester
township	Verwaltungsbezirk, Gemeinde
scene	Szene
sing *PS* sang *PP* sung *VF* singing	singen
African	afrikanisch; Afrikaner(in)
dispute	Streit, Auseinandersetzung; streiten
explain	erklären, erläutern
whom	wem, wen, dem, den
foundation	Gründung, Begründung, Grundlage, Stiftung
of it	davon, darauf
whole	ganz, vollständig; Gesamtheit
variety	Vielfalt, Vielzahl, Sorte, Varietät
piece	Stück, Teil
destroy	zerstören, vernichten
copy	Kopie, Abschrift, Exemplar; kopieren, nachahmen, abschreiben
relationship	Beziehung, Verhältnis
staff	Personal, Mitarbeiterstab, Belegschaft
voice	Stimme; äußern
consensus	Übereinstimmung, Konsens(us)
quality	Qualität; erstklassig, hochwertig, Qualitäts-
queen	Königin
indicate	anzeigen, hinweisen auf
musical	Musical; musikalisch, Musik-
captain	Kapitän, Hauptmann
saint	heilig; Heilige(r)
contract	Vertrag, Abkommen; vertraglich vereinbaren, kontrahieren, (sich) zusammenziehen
conduct	Handlungsweise; betreiben, durchführen, leiten, dirigieren
object	Objekt, Gegenstand, Ziel [das man erreichen möchte]; dagegen sein, Einwände haben, protestieren
cut *PS* cut *PP* cut *VF* cutting	Schnitt, Einschnitt, Kürzung; (ab)schneiden
Poland	Polen
nothing	nichts
metre *BE*	Meter
meter	Messgerät, Zähler, Meter *AE*
branch	Ast, Zweig, Flussarm, Filiale; sich gabeln, sich verzweigen
organize [auch: organise *BE*]	organisieren
parliament	Parlament
quite	ganz, ziemlich

define	definieren
airport	Flughafen
reveal	enthüllen, bloßlegen, aufdecken, zu Tage bringen
wall	Mauer, Wall, Wand
tree	Baum
capture	erfassen, gefangen nehmen, einfangen, erobern; Gefangennahme, Eroberung
hard	hart, fest
format *PS* formatted *PP* formatted *VF* formatting	Format; formatieren
fourth	vierte; Viertel
status *PL* statuses	Status
eight	acht; Acht
seek *PS* sought *PP* sought	suchen, anstreben
spring *PS* sprung *AE*/sprang *PP* sprung	springen; Frühling, Quelle, [technische] Feder
box	Schachtel, Kasten, Kiste, Dose; boxen
credit	Kredit(würdigkeit), Glaubwürdigkeit, Anerkennung; anerkennen
perhaps	vielleicht
territory	Territorium, Gebiet
retire	in den Ruhestand gehen
care	sich kümmern, sich sorgen; Sorgfalt, Mühe, Pflege
Africa	Afrika

Vokabeln 1001 bis 1100

licence *BE*, **license** *AE*	Lizenz, Zulassung
prince	Prinz
mostly	meist(ens), meistenteils, hauptsächlich
kind	freundlich, liebenswürdig, nett; Art, Sorte
earn	verdienen
senior	Senior, Schüler(in)/Student(in) [im letzten Jahr]; (dienst)älter
additional	zusätzlich
response	Antwort, Reaktion
expand	expandieren, ausdehnen, erweitern
judge	Richter(in), Kampfrichter(in); (be)urteilen, bewerten
so that	damit, so dass
foreign	ausländisch, fremd
protect	(be)schützen
historical	historisch, geschichtlich
Soviet	sowjetisch
bad *KO* worse *SU* worst	schlecht, schlimm, übel
animal	Tier; tierisch
nature	Natur, Wesen, Beschaffenheit
empire	Reich

application	Anwendung, Auftrag [z. B. Salbe], Applikation, Bewerbung
shift	verschieben; Verschiebung, Schicht [Arbeit]
singer	Sänger(in)
stone	Stein, Kern [einer Frucht]; steinigen, entkernen
religious	religiös, gläubig
sure	gewiss, sicher
economic	ökonomisch, wirtschaftlich
photo	Foto
likely	wahrscheinlich
merge	mischen
us	uns
answer	Antwort; (be)antworten
basis *PL* bases	Basis, Grundlage
representative	Repräsentant(in), Vertreter(in); repräsentativ
majority	Mehrheit, Majorität
discuss	diskutieren, erörtern, besprechen
tournament	Turnier, Wettkampf
stay	(stehen) bleiben, sich aufhalten, durchhalten; Aufenthalt
camp	Camp, Zeltlager, Lager; kampieren, zelten
nomination	Nominierung, Ernennung
anything	(irgend) etwas
rise *PS* rose *PP* risen	Zunahme, Anstieg; (auf)steigen, ansteigen, aufgehen, aufstehen [Sonne, Mond]
label *PS* labeled *AE*/labelled *BE* *PP* labeled *AE*/labelled *BE* *VF* labeling *AE*/labelling *BE*	Label, Etikett, Aufkleber; kennzeichnen
opinion	Meinung, Stellungnahme
legal	legal, rechtlich, rechtmäßig
till	bis (zu); Ladenkasse *BE*
port	Hafen, Port [Computer]
speed *PS* sped/speeded *PP* sped/speeded	Geschwindigkeit; rasen
wing	Flügel, Tragfläche, Kotflügel
manager	Manager(in), Geschäftsführer(in), Leiter(in)
brown	braun; Braun
job *PS* jobbed *PP* jobbed *VF* jobbing	Job, Arbeitsstelle, Beruf; Gelegenheitsarbeiten machen, jobben
teach *PS* taught *PP* taught	unterrichten, lehren
labour *BE*, **labor** *AE*	Arbeit; (schwer) arbeiten
have to	müssen
software	Software
fan *PS* fanned *PP* fanned *VF* fanning	Fan, Verehrer(in), Fächer, Lüfter, Ventilator; fächeln
purchase	Einkauf, Kauf; kaufen
lack	Mangel, Fehlen; Mangel haben an, mangeln, fehlen

map PS mapped PP mapped VF mapping — Landkarte, Karte [Land, Stadt], Abbildung [Mathematik]; eine Karte anfertigen, kartieren, abbilden [Mathematik]

display — Anzeige, Auslage [im Schaufenster], Ausstellung, Display [Bildschirm]; (an)zeigen, ausstellen

situation — Situation, Lage

administrative — administrativ, Verwaltungs-

measure — Maß, Maßeinheit; messen

heart — Herz

meaning — Bedeutung

comic — Comic, Witzbold, Komiker(in)

complex — komplex, vielschichtig; Komplex

ability — Fähigkeit, Befähigung

wear PS wore PP worn — anhaben, [Kleidung] tragen, abnutzen; Verschleiß, Abnutzung

rename — umbenennen

Lord — Herr [als Bezeichnung für Gott oder Jesus Christus], Lord [als Namensbestandteil]

winning — siegreich, siegend

surface — Oberfläche, Fläche; ans Tageslicht kommen, auftauchen

learn PS learned/learnt BE PP learned/learnt BE — lernen

topic — Thema, Thematik

minor — geringer, kleiner, minderjährig; Minderjährige(r), Moll

remains — Überreste

revert — rückgängig machen

victory — Sieg

achieve — erreichen, erzielen

cannot — nicht können

supply — Lieferung, Versorgung; liefern, versorgen

hear PS heard PP heard — hören

express — ausdrücken, äußern; ausdrücklich; per Express; Express, Schnellzug

conflict — Konflikt; im Widerspruch stehen mit

ancient — uralt, sehr alt

eye — Auge; (genau) betrachten, anstarren

sense — Sinn, Verstand, Gefühl, Bedeutung; fühlen, spüren

mount — (be)steigen, anbringen, vorbereiten, hochfahren [Rechner]; Berg [in Namen]

garden BE, **yard** AE — Yard, Hof, Garten AE

card — Karte [z. B. Postkarte, Spielkarte]

cell — Zelle, Handy AE [kurz für *cellphone*]

prove PS proved PP proved/proven — beweisen, nachweisen, sich erweisen

smith — Schmied(in)

bishop — Bischof

identify	identifizieren
agree	übereinstimmen, einverstanden sein
save	sichern, sparen, speichern, aufbewahren, retten
concept	Konzept, Begriff
God	Gott [der eine Gott]

Vokabeln 1101 bis 1200

survive	überleben, überstehen, überdauern
teacher	Lehrer(in)
length	Länge
register	Verzeichnis, Register; registrieren
drop *PS* dropped *PP* dropped *VF* dropping	Tropfen, Rückgang, Einbruch [starker Abfall]; fallen (lassen), tropfen, (sich) verringern
producer	Produzent(in), Hersteller(in)
dance	Tanz; tanzen
detail	Detail, Einzelheit; detaillieren
this time	diesmal
vehicle	Fahrzeug
damage	Schädigung, Beschädigung; beschädigen
congress	Kongress, Tagung
assembly	Versammlung, Montage, Zusammenbau, Baugruppe
husband	Ehemann, Gatte
publication	Publikation, Veröffentlichung
understand *PS* understood *PP* understood	begreifen, verstehen
machine	Maschine; Maschinen-, maschinell; maschinell bearbeiten
anyone	jede(r), irgendeine(r), jemand
temple	Tempel
Irish	Irisch, Iren; irisch, irländisch
genus *PL* genera oder genuses	Geschlecht, Gattung
gun *PS* gunned *PP* gunned *VF* gunning	Gewehr, Revolver; schießen
tag *PS* tagged *PP* tagged *VF* tagging	Etikett; etikettieren
simple	einfach, einfältig
except	außer; ausgenommen; ausschließen
correct	richtig, korrekt; berichtigen, korrigieren, verbessern
fine	ausgezeichnet, fein, dünn; gut
trying	anstrengend, ermüdend, schwierig
count	Zählung, Auszählung; (ab)zählen, gelten
directly	direkt, unmittelbar, sofort
document	Dokument, Urkunde; dokumentieren, beurkunden
combine	kombinieren, verknüpfen
window	Fenster
at the end	am Ende, hinten

contribute	beitragen
cite	zitieren, vorladen [Gericht]
security	Sicherheit, Bürgschaft
fund	Fonds, Kapital, Geldmittel; finanzieren
can't	Abk. für: can not / cannot
buy *PS* bought *PP* bought	einkaufen, kaufen
mainly	hauptsächlich
Italy	Italien
soldier	Soldat(in)
regard	betreffen, berücksichtigen, betrachten; Hinsicht, Rücksicht, Hochachtung
sir	Herr
saying	Redewendung; sagend
ban *PS* banned *PP* banned *VF* banning	Bann, Verbot, Sperre; verbannen, verbieten, sperren
flight	Flug(reise), Flucht
nearly	beinahe, fast, nahezu
annual	jährlich; Jahrbuch
challenge	Herausforderung; herausfordern, in Frage stellen, bestreiten
obtain	erhalten, bekommen
divide	(auf)teilen, dividieren, (sich) trennen
initially	anfänglich, anfangs, zu Anfang
mix	mischen, (sich) vermischen; Mix, Mischung
notice	Notiz, Bekanntmachung; (be)merken, beachten
owner	Eigentümer(in)
prevent	verhindern, verhüten, vorbeugen
winner	Gewinner(in), Sieger(in)
heavy *KO* heavier *SU* heaviest	schwer
difference	Differenz, Unterschied
argue	argumentieren, streiten
castle	Burg, Schloss, Turm [Schach]; rochieren
settlement	Abkommen, Regelung, Siedlung
communication	Kommunikation, Mitteilung
construct	konstruieren, errichten; Konstrukt
double	doppelt; Doppelte, Doppelgänger(in), Double [Theater, Film], Doppel [Tennis]; verdoppeln
nominate	ernennen, nominieren
fort	Fort, Festung
executive	leitende(r) Angestellte(r), Exekutive; geschäftsführend, leitend, ausübend, exekutiv
resident	Bewohner(in); ansässig, wohnhaft
troop	Trupp(e)
tower	Turm
emperor	Herrscher(in), Kaiser(in)

belong	gehören
journal	Journal, Tagebuch, Zeitschrift
alone	allein; alleine
mind	Geist, Sinn, Verstand; (etwas) dagegen haben, aufpassen
didn't	Abk. für: did not
spread *PS* spread *PP* spread	verbreiten, ausbreiten; Verbreitung, Ausbreitung, Spannweite, Spanne, Spread [Spanne zwischen Kursen/Preisen]
sale	Verkauf, Ausverkauf
institution	Institution, Einrichtung
transport	Transport; transportieren
multiple	mehrfach, vielfach; Vielfache
step *PS* stepped *PP* stepped *VF* stepping	Schritt, Stufe; treten, schreiten
mass *PL* masses	Masse, Messe [Kirche]
bird	Vogel
Pacific	Pazifik; pazifisch
dead	tot, (ab)gestorben; total, völlig
bit	Stückchen, Bit [Computer]
metal	Metall; metallisch
relation	Beziehung, Zusammenhang, Relation
price	Preis, Kurs [z. B. von Aktien]; bewerten, mit Preis versehen
prime	primär, beste, erste
serious	ernst(haft), schwerwiegend, seriös
administration	Verwaltung, Administration, Verabreichung [z. B. von Medikamenten]
make up	sich versöhnen, aufräumen, zurechtmachen, zusammenstellen
opening	Eröffnung, Öffnung
recording	Aufnahme [z. B. Tonaufnahme], Aufzeichnung
murder	Mord; (er)morden

Vokabeln 1201 bis 1300

knowledge	Kenntnis(se), Wissen
tradition	Tradition, Überlieferung
volume	Volumen, Lautstärke, Band [bei Büchern]
garden	Garten; im Garten arbeiten
target	Ziel, Zielsetzung, Planziel, Soll; zielen (auf)
peak	Spitze, Gipfel, Höhepunkt
density	Dichte
highly	in hohem Maße, sehr, hoch
check	Kontrolle, Überprüfung, Scheck *AE*, Schach; kontrollieren, prüfen, Schach bieten
contribution	Beitrag

Jewish	jüdisch
sentence	Satz, Strafe [Gericht]; verurteilen [zu einer Strafe]
New Zealand	Neuseeland
financial	finanziell, Finanz-
reserve	reservieren; Reserve
completely	vollständig, vollkommen, absolut
guitar	Gitarre
winter	Winter; überwintern
youth	Jugend
Mexico	Mexiko
stadium PL stadia oder stadiums	Stadion
secretary	Sekretär(in), Minister(in), Staatssekretär(in) BE
concern	Anliegen, Konzern, Unternehmen, Besorgnis; betreffen, beunruhigen, Sorgen machen
bus PL buses oder busses AE	Bus, Omnibus
origin	Ursprung, Herkunft, Koordinatenursprung
avoid	(ver)meiden
beach	Strand
corporation	Unternehmen, Stadtverwaltung BE
compose	komponieren, zusammensetzen, zusammenstellen
doctor	Ärztin, Arzt, Doktor(in)
contact	Kontakt; kontaktieren
campus	Campus
entry	Eintrag, Dateneintrag, Eingang, Eintritt
agency	Agentur, Vertretung
horse	Pferd
strike PS struck PP struck	Streik, Schlag, Fund; streiken, (zu)schlagen, stoßen auf [z. B. auf Öl]
behaviour BE, **behavior** AE	Verhalten, Benehmen
also known as	alias, auch bekannt als
table	Tisch, Tabelle
enemy	Feind
fast	schnell; fasten
justice	Gerechtigkeit, Justiz
resource	Ressource
weapon	Waffe
baseball	Baseball
shot	Schuss, Injektion
flow	fließen, strömen; Fluss [im Sinne von Fließen], Fließen
refuse	ablehnen, verweigern, sich weigern
argument	Argument, Behauptung, Streit AE
concert	Konzert
oil	Öl; ölen, schmieren
message	Meldung, Nachricht
acquire	erwerben, sich etwas aneignen, akquirieren

direction	Richtung, Leitung, Regie
online	online, am Netz (angeschlossen), Online-
estimate	Schätzung; (ein)schätzen, abschätzen
effective	wirksam, wirkungsvoll, effektiv
guard	Wache, Wächter(in), Schaffner(in) *BE*, Schutz; bewachen, beschützen
academic	akademisch; Akademiker(in)
primarily	vorwiegend, hauptsächlich
politician	Politiker(in)
affair	Affäre, Angelegenheit
isn't	Abk. für: is not
democratic	demokratisch
hundred	hundert; Hundert, Hunderter
Britain	Großbritannien
Spain	Spanien
escape	(ent)fliehen, entgehen, entkommen, entweichen; Flucht
trial	Prozess [Gericht], Versuch, Untersuchung, Studie
compare	vergleichen
theme	Thema
immediately	sofort, unmittelbar
draught *BE*, **draft** *AE*	Entwurf, Skizze, Einberufung *AE*, Rekrutierung *AE*, Zahlungsanweisung *AE*, Luftzug; entwerfen, verfassen, ausarbeiten, einberufen [zum Militär]
van	Lieferwagen
a lot (of)	viele; viel
technical	technisch, fach(sprach)lich, Fach-
fly *PS* flew *PP* flown	fliegen; Fliege
ball	Ball
inside	innen; innere; innerhalb; Innenseite, das Innere
adopt	adoptieren, annehmen, übernehmen
cultural	kulturell
paint	(be)malen, (an)streichen; Farbe, Lack
interview	Interview; interviewen
grade	Grad [Niveau], Dienstgrad, Qualitätsstufe, Klasse *AE*[Schule], Zensur [Schule]; einstufen, benoten
attention	Aufmerksamkeit
easy *KO* easier *SU* easiest	leicht, ungezwungen
latter	letztere, spätere
generate	erzeugen, generieren
responsible	verantwortlich
statistic	statistisch
commonly	allgemein, im Allgemeinen
meeting	Treffen, Versammlung
marriage	Heirat, Trauung, Ehe
dark	dunkel; Dunkelheit

hotel	Hotel
succeed	Erfolg haben, gelingen, (nach)folgen
rare	rar, selten, nicht durchgebraten [noch blutig]
nine	neun; Neun
difficult	schwierig
prize	Ehrenpreis, Gewinn

Vokabeln 1301 bis 1400

technique	Technik
upper	obere
assume	annehmen, vermuten, voraussetzen
serving	Portion; (be)dienend, servierend
poor	arm; Bedürftige(r), Arme(r)
creation	Erzeugung, Erschaffung, Schöpfung
related to	in Bezug auf, bezogen auf, im Zusammenhang mit
cast *PS* cast *PP* cast	werfen, besetzen [einer Rolle]; Besetzung [einer Rolle], Abguss
web	Netz
parents	Eltern
engineering	Engineering, technische Planung/Durchführung; technisch
junior	untergeordnet, jünger, Junior-; Schüler/Student [im vorletzten Jahr]
device	Gerät, Apparat, Vorrichtung, Hilfsmittel
commander	Befehlshaber(in), Kommandeur(in)
arm	Arm, Waffe; bewaffnen
imply	beinhalten, implizieren, andeuten
proper	passend, eigentlich, angemessen; richtig
depend (on)	abhängen (von)
contest	Wettbewerb, Wettkampf, Wettstreit; bestreiten, anfechten
wanted	begehrt, erwünscht
agent	Agent(in)
overall	Overall;; allumfassend, Gesamt-
Latin	Latein; lateinisch, Latein-
estate	Besitz(tum), Wohnsiedlung *BE*
wind *PS* wound *PP* wound	Wind, Blähungen; (sich) winden
partner	Partner(in), Teilhaber(in)
thousand	tausend; Tausend
fellow	Kamerad, Kerl
musician	Musiker(in)
Scotland	Schottland
of age	volljährig
worker	Arbeiter(in)
daily	täglich; Tageszeitung

declare	deklarieren, verkünden
crime	Verbrechen
ice	Eis
in fact	tatsächlich
wood	Holz, Wald
housing	Wohnungen
drug	Medikament, Arznei(mittel), Droge
moving	beweglich, bewegend [Gefühl]
environment	Umgebung, Umwelt
distance	Abstand, Entfernung
duty	Pflicht, Zollgebühr, Abgabe
watch	zusehen, zuschauen, aufpassen, beobachten, überwachen; Armbanduhr
settle	festlegen, vereinbaren, schlichten, klären, begleichen [Schulden], schließen [Vertrag], besiedeln, sich niederlassen
the United Kingdom	das Vereinigtes Königreich
necessary	notwendig, nötig
exchange	Tausch, Austausch, Umtausch, Börse; (aus)tauschen, umtauschen, wechseln
remaining	restlich, übrig gebliebene
faith	Glaube, Vertrauen
miss	vermissen, verfehlen, verpassen, versäumen; Fehltreffer/Fräulein
physical	körperlich, physisch, physikalisch; ärztliche Untersuchung
Russia	Russland
silver	Silber; silbern
wish	wünschen; Wunsch
solution	Auflösung, Lösung [auch Flüssigkeit]
widely	weit, weitgehend
task	Aufgabe(nstellung)
regarding	hinsichtlich, in Bezug auf
nearby	in der Nähe; nahe (gelegen)
else	sonst, andere(r,s)
decade	Jahrzehnt, Dekade
split *PS* split *PP* split *VF* splitting	(auf)teilen, trennen, zerreißen; gespalten; Riss, Teilung
farm	Bauernhof, Farm; Landwirtschaft betreiben
ride *PS* rode *PP* ridden	Fahrt, Ritt; fahren, reiten
print	Druck [Ausdruck, Bild, Gemälde], Abdruck; drucken
basketball	Basketball
literature	Literatur
connection	Verbindung, Zusammenhang
peace	Friede(n), Ruhe
crew	Crew, Mannschaft
hot *KO* hotter *SU* hottest	heiß

agreement	Zustimmung, Vereinbarung
pick	(aus)wählen, hacken, picken, (ab)pflücken; Spitzhacke, Plektrum
shape	Form, Gestalt; formen, gestalten
tie *VF* tying	Krawatte, Bindung; (fest)binden
secondary	sekundär, untergeordnet
pressure	Druck
liberal	liberal, freiheitlich; Liberale(r)
republican	republikanisch; Republikaner(in)
affect	Affekt; beeinflussen, sich auswirken auf
favour *BE*, **favor** *AE*	Gunst, Gefallen; bevorzugen, favorisieren
factor	Faktor
ring *PS* rang *PP* rungACHTUNG	Ring; umringen, beringen, klingeln, läuten, anrufen
unique	eindeutig, einmalig, einzigartig
tool	Tool, Hilfsmittel, Werkzeug, Gerät
regiment	Regiment
sun *PS* sunned *PP* sunned *VF* sunning	Sonne; sonnen
incorporate	einverleiben, einfügen, inkorporieren, beinhalten
respect	Respekt, Hochachtung, Hinsicht; achten, respektieren
sort	Art, Sorte; sortieren
scientific	(natur)wissenschaftlich
contemporary	heutig, zeitgenössisch; Zeitgenosse, Zeitgenossin
reliable	verlässlich, zuverlässig
portion	Portion, Anteil
catch *PS* caught *PP* caught	(ein)fangen, einholen; Fang [z. B. Fische]
years of age	Jahre alt
slow	langsam; verlangsamen
formerly	ehemals

Vokabeln 1401 bis 1500

guide	Führer(in), Leitfaden, Handbuch; anleiten, führen, leiten, lenken
chairman	Chairman, Vorsitzende(r)
bear *PS* bore/bare[alt] *PP* borne/born	Bär(in); tragen, ertragen, führen [Namen/Titel], gebären, hervorbringen [5]
assistant	Assistent(in), Hilfskraft
hockey	Hockey
digital	digital, Digital-
Dutch	holländisch, niederländisch; Holländer(in), Niederländer(in), Holländisch
convert	konvertieren, umformen, umwandeln, bekehren; Bekehrte(r), Konvertit(in)
prominent	berühmt, prominent, auffällig, markant

---

[5] born (geboren) nur in passiver Bedeutung, wenn kein by (von) folg, z. B. *she was born in London.*

ought to	sollte(st,n,t), müsste(st,n,t)
formal	formal, formell
obvious	offensichtlich, offenkundig
railway *BE*, **railroad** *AE*	Eisenbahn, Gleise
marine	Marine, Marinesoldat(in); Meeres-
wrong	falsch, unrecht; Unrecht
reform	Reform; reformieren
alternative	Alternative; alternativ
throw *PS* threw *PP* thrown	werfen; Wurf
initial *PS* initialed *AE*/initialled *BE* *PP* initialed *AE*/initialled *BE* *VF* initialing *AE*/initialling *BE*	anfänglich, Anfangs-; Anfangsbuchstabe; unterzeichnen [Scheck, Vertrag]
memory	Gedächtnis, Erinnerung, Speicher [Computer]
blood	Blut
convention	Brauch, Konvention
duke	Herzog
deep	tief; Tiefe
religion	Religion
brand	Marke(nzeichen), Brandmal; brandmarken
founder	Gründer(in), Stifter(in)
treatment	Behandlung, Therapie
dog	Hund
mayor	Bürgermeister(in)
zone	Zone
tax *PL* taxes	Steuer [Finanzamt]; besteuern
petrol *BE*, **gas** *AE* *PS* gassed *PP* gassed *PL* gases [selten: gasses *AE*] *VF* gassing	Gas, Benzin *AE*; mit Gas versorgen, begasen, vergasen
generation	Generation, Generierung, Erzeugung
suffer	leiden, (Verluste) erleiden, (er)dulden, ertragen, aushalten
secret	Geheimnis; geheim, heimlich
assign	zuordnen, zuweisen
reading	Lesung, Lesen
fleet	Flotte
beat *PS* beat *PP* beaten/beat *AE*	schlagen, klopfen, besiegen; Schlag, Takt
Olympics	Olympiade
flag *PS* flagged *PP* flagged *VF* flagging	Fahne, Flagge; beflaggen
demand	Bedarf, Nachfrage, Forderung; fordern
choice	Auswahl
disease	Erkrankung, Krankheit
engineer	Ingenieur(in), Techniker(in); ingenieurmäßig planen/erstellen, konstruieren
basic	grundsätzlich, grundlegend, basisch
citizen	Staatsbürger(in), Bürger(in)

arrest	Verhaftung; festnehmen, verhaften
derive	ableiten, herleiten
critic	Kritiker(in)
aim	Ziel; zielen
opera	Oper
fill	füllen, abfüllen, ausfüllen
adult	Erwachsene(r); erwachsen
realize [auch: realise *BE*]	erkennen, realisieren
principle	Prinzip, Grundsatz
beyond	jenseits, über; darüber hinaus
firm	fest, hart, standhaft; Firma
largely	weitgehend, zum größten Teil
shortly	bald, in Kürze
avenue	Avenue, Allee
morning	Morgen, Vormittag; morgendlich
north-west *BE*, **northwest** *AE*	nordwestlich; Nordwest
redirect	umleiten
signal *PS* signaled *AE*/signalled *BE* *PP* signaled *AE*/signalled *BE* *VF* signaling *AE*/signalling *BE*	Signal; signalisieren
platform	Plattform, Podium, Tribüne, Bahnsteig
normal	normal; Normale
pilot	Pilot, Lotse; lotsen
conservative	konservativ, erhaltend, konservierend; Konservative(r)
ally	Alliierte, Verbündete; verbünden
reporting	Berichterstattung
opportunity	Gelegenheit
aid	Hilfe, Unterstützung; helfen, unterstützen
protection	Schutz
passenger	Fahrgast, Passagier(in)
prepare	(vor)bereiten, aufbereiten, zubereiten, präparieren
era	Ära, Epoche, Zeitalter
classic	klassisch; Klassiker
assist	assistieren, behilflich sein
collect	sammeln, sich ansammeln, abholen *BE*
commune	Kommune, Gemeinschaft
scale	Skala, Maßstab, Waage *AE*, Ablagerung, Zahnstein, Schuppe; skalieren, entschuppen
forward	vorwärts; weiterleiten [z. B. E-Mail]; Stürmer(in) [Sport]
benefit *PS* benefited/benefitted *PP* benefited/benefitted *VF* benefiting/benefitting	Nutzen, Vorteil; nützen, profitieren
accepted	akzeptiert, anerkannt
guest	Gast, Besucher(in)

situated	gelegen
item	Gegenstand, Ding, Themenpunkt [z. B. auf einer Agenda]
quote	Zitat; zitieren
employ	einstellen [Arbeitsstelle], anwenden
clearly	klar, deutlich
corps	Korps
analysis *PL* analyses	Analyse, Analysis [Mathematik]
potential	potenziell, möglich; Potenzial
height	Höhe
actual	tatsächlich, wirklich
Israel	Israel
Polish	Polin, Pole, Polnisch; polnisch
fish *PL* fishes	Fisch; angeln, fischen

Vokabeln 1501 bis 1600

drama	Drama
I'd	Abk. für: I would / I had / I should
reside	wohnen, wohnhaft sein, residieren
boat	Boot
traffic	Verkehr
floor	Fußboden, Etage, Stockwerk
specifically	spezifisch
growth	Wachstum
mine	Mine, Bergwerk; meine(r); meins; verminen
creek	Bach, (kleine) Bucht *BE*
Asian	asiatisch; Asiat, Asiatin
pair	Paar; ein Paar bilden
roll	rollen; Rolle, Brötchen
otherwise	andernfalls, sonst
pop *PS* popped *PP* popped *VF* popping	Knall, Pop(musik); (auf)platzen, knallen
screen	Bildschirm, Leinwand; abschirmen
instrument	Instrument, Gerät
occupy	besetzen, in Besitz nehmen, Besitz ergreifen von, belegen
spot *PS* spotted *PP* spotted *VF* spotting	Fleck; entdecken, herausfinden
dedicated	engagiert, hingebungsvoll, geeignet
crown	Krone; krönen, überkronen
industrial	industriell
senate	Senat
yes	ja
vocal	Gesang; stimmlich, Gesang-
fighting	Gefecht, Kampf

scholar	Stipendiat(in), Gelehrte(r)
south-east *BE*, **southeast** *AE*	südöstlich; Südosten
at all	überhaupt
prison	Gefängnis, Strafanstalt
confirm	bekräftigen, bestätigen
equipment	Ausrüstung
fifth	fünfte; Fünftel
spirit	Geist, Seele, Stimmung
acting	Handeln, Schauspielerei; amtierend, kommissarisch, handelnd
logo	Logo
principal	Rektor(in); Haupt-, hauptsächlich
mill	Mühle; (zer)mahlen
weight	Gewicht
relevant	relevant, von Bedeutung
officially	offiziell
urban	städtisch, Stadt-,
audience	Publikum, Zuhörerschaft, Audienz
global	global
instance	Beispiel, Instanz, Exemplar
decline	Rückgang; verringern, deklinieren
pattern	Muster
ministry	Ministerium
frequently	häufig, oft
remember	(sich) erinnern (an)
neighbourhood *BE*, **neighborhood** *AE*	Nachbarschaft, (benachbarte) Gegend
unknown	unbekannt; Unbekannte(r,s)
capacity	Fassungsvermögen, Kapazität
each other	einander, sich
skill	Fähigkeit, Fertigkeit, Können, Geschick(lichkeit)
Muslim	Muslim, Muslima, Muslimin, Moslem, Moslima, Moslemin; muslimisch, moslemisch
guy	Kerl, Kumpel, Typ
to be found	vorkommen, gefunden werden
birth	Geburt
politics	Politik [als abstraktes Thema, Wissenschaft, Beruf]
possibly	eventuell, möglicherweise
ago	vor [zeitlich, nachgestellt]
rail	Schiene, Geländer, Reling
entertainment	Unterhaltung, Entertainment
solo *PL* soli oder solos	solo, allein; Solo
patient	geduldig; Patient(in)
air force	Luftwaffe
twice	doppelt, zweimal
chance	Gelegenheit, Zufall

definition	Definition
reflect	reflektieren, widerspiegeln, nachdenken
easily	leicht
administrator	Verwalter(in)
expected	voraussichtlich, erwartet
fit *PS* fitted/fit *AE* *PP* fitted/fit *AE* *VF* fitting *KO* fitter *SU* fittest	(an)passen; geeignet, fit, gesund
trust	(ver)trauen; Vertrauen
Asia	Asien
Scottish	schottisch
restore	restaurieren, wiederherstellen
temperature	Temperatur
grey *BE*, **gray** *AE*	grau; Grau(ton)
agreed	vereinbart
revolution	Revolution, Umdrehung [z. B. der Erde um die Sonne]
defend	verteidigen
retain	(bei)behalten
useful	brauchbar, nützlich
aspect	Aspekt, Gesichtspunkt, Blickwinkel
arms	Waffen
impact	Einschlag, Aufprall, Auswirkung; Auswirkungen haben
square mile	Quadratmeile
comedy	Komödie, Lustspiel
distribution	Verteilung, Vertrieb, Verbreitung
relatively	relativ, verhältnismäßig
fully	völlig
context	Kontext, Zusammenhang
critical	kritisch
storm	Sturm; (hinein)stürmen [z. B. ein Gebäude]
leadership	Führung
existing	existierend, bestehend, vorhanden, gegenwärtig
door	Tür

Vokabeln 1601 bis 1700

driver	Autofahrer(in), Fahrer(in), Treiber [Computer]
actress	Schauspielerin, Darstellerin
edge	Kante, Rand, Schneide
composer	Komponist(in)
poem	Gedicht
powerful	kraftvoll, kräftig, mächtig, stark, gewaltig
tribe	Volksstamm
chapter	Kapitel
enjoy	genießen
entirely	völlig

none	keine(r,s)
bureau *PL* bureaus *AE* oder bureaux *BE*	Büro, Amt, Behörde
nor	noch, und auch nicht
photograph	Foto(grafie); fotografieren
super	super
unlike	ungleich; anders als, im Gegensatz zu
treat	behandeln; (besonderes) Vergnügen, besondere Freude
formation	Formation, Formung, Gründung
shop *PS* shopped *PP* shopped *VF* shopping	Geschäft, Laden, Werkstatt; einkaufen, shoppen
at the age of	im Alter von
iron	Eisen, Bügeleisen; eisern; bügeln
injury	Verletzung
poet	Dichter(in)
golden	golden
stock	Lager, Bestand, Vorrat, Aktie *AE*; bevorraten
disc *BE*, **disk** *AE*	[runde] Scheibe, Kreisscheibe, Festplatte [Computer], Schallplatte
rugby	Rugby
south-west *BE*, **southwest** *AE*	südwestlich; Südwesten
freedom	Freiheit
less than	weniger als, kleiner als
reader	Leser(in), Dozent(in), Reader [Lesegerät]
philosophy	Philosophie
admit *PS* admitted *PP* admitted *VF* admitting	zugeben, zulassen, (her)einlassen
independence	Unabhängigkeit
incident	Zwischenfall, Vorfall
Communist	Kommunist(in); kommunistisch
learning	Lernen, Erlernen
domain	Gebiet, Bereich, Domain, Domäne
Rome	Rom
orchestra	Orchester
planet	Planet
fiction	Fiktion, Erdichtung
north-east *BE*, **northeast** *AE*	Nordosten; nordöstlich, Nordost-
plot *PS* plotted *PP* plotted *VF* plotting	Verschwörung, Plot [Computer]; plotten [zeichnen], sich verschwören
rapid	schnell
tend	tendieren
determine	bestimmen, regeln, (sich) entscheiden
bury	begraben, beerdigen, vergraben
option	Option, Möglichkeit
human being	Mensch
apparently	anscheinend, offenbar, offensichtlich

root	Wurzel
requirement	Anforderung, Erfordernis
risk	Risiko; riskieren
wave	Welle, Wink; winken, wehen
worldwide	weltweit
entitle	berechtigen, betiteln
surrounding	umgebend, umliegend
component	Bestandteil, Komponente
eat *PS* ate *PP* eaten	essen
flower	Blume; blühen
presence	Anwesenheit, Gegenwart
supreme	oberste, höchste [z. B. Gericht]
opposition	Opposition, Gegensatz, Widerstand
jazz	Jazz
economy	Wirtschaft, Ökonomie
combat *PS* combated/combatted *PP* combated/combatted *VF* combating/combatting	Kampf, Bekämpfung; (be)kämpfen
translate	übersetzen
rose	Rose, Rosa; rosa
teaching	Lehre, Unterricht(en); lehrend
dream *PS* dreamed/dreamt *PP* dreamed/dreamt	Traum; träumen
quarter	Viertel, Vierteldollar *AE*; einquartieren, vierteln
unless	außer wenn, es sei denn, wenn nicht
background	Hintergrund
fighter	Kämpfer(in)
walk	(spazieren) gehen; Spaziergang
everyone	jeder, jedermann
everything	alles
circle	Kreis; kreisen
fame	Ruhm
constitution	Konstitution, Verfassung, Grundgesetz
trail	Pfad, Spur; (heimlich) verfolgen, schleppen, (hinterher) trotten, auf der Fährte sein
rural	ländlich
existence	Existenz, Dasein
ocean	Ozean, Meer
respond	antworten, reagieren
phase	Phase
guideline	Richtlinie
memorial	Denkmal, Mahnmal; Gedenk-
indeed	in der Tat, tatsächlich
connect	anschließen, verbinden
wait	warten; Wartezeit

Jew	Jude, Jüdin
holy *KO* holier *SU* holiest	heilig
feed *PS* fed *PP* fed	Nahrung, Futter, Fütterung; Nahrung zuführen, (sich) ernähren, füttern, zuführen, schüren
medicine	Medizin, Medikament, Arznei
appeal	Anziehungskraft, Appell, Gesucht; appellieren, Einspruch einlegen
I'll	Abk. für: I will / I shall
classical	klassisch
joint	Verbindung(sstelle), Gelenk, Fuge; gemeinsam

Vokabeln 1701 bis 1800

knight	Ritter, Springer [Schach]; zum Ritter schlagen
historian	Historiker(in)
proposal	Vorschlag
survey	Überblick, Umfrage; befragen
positive	positiv
deliver	(aus)liefern, zustellen
steel	Stahl; stählern
coverage	Berichterstattung, Versicherungsschutz *AE*
repeatedly	wiederholt, mehrmals
safety	Sicherheit
together with	(mit)samt, zusammen mit
moment	Moment, Augenblick
extremely	extrem, überaus, äußerst
burn *PS* burnt *BE*/burned *PP* burnt *BE*/burned	(ver)brennen, anbrennen; Brandwunde, Verbrennung
abandon	verlassen, aufgeben, preisgeben; Hingabe
bottom	Boden, Grund [z. B. eines Sees], Unterseite, Hintern; untere, unterste(r)
accuse	anklagen, beschuldigen
encourage	ermutigen
session	Sitzung
vary	variieren, abwandeln, (ver)ändern
heat	Hitze, Wärme; erhitzen, heizen
update	Aktualisierung; aktualisieren
rich	reich(haltig)
tropical	tropisch
connected	verbunden, zusammenhängend
inspire	inspirieren
opposed	entgegengesetzt, im Gegensatz zu
translation	Übersetzung
speech	Rede, Ansprache, Sprache
headquarters	Hauptquartier, Hauptsitz, Zentrale
criterion *PL* criteria oder criterions *AE*	Kriterium

struggle	Kampf, Anstrengung, Mühe; sich abmühen
younger	jünger
resolution	Beschluss, Auflösung, Bildauflösung, Resolution
extensive	umfangreich, ausgedehnt, umfassend, extensiv
fear	Angst, Furcht, Befürchtung; Angst haben, (be)fürchten
switch	Schalter; (um)schalten, wechseln
chemical	chemisch; Chemikalie
electric	elektrisch
harbour *BE*, **harbor** *AE*	Hafen; Unterschlupf gewähren, hegen [z. B. Zweifel]
core	Kern(stück), Innere, Innere; entkernen
educational	erzieherisch, pädagogisch, lehrreich, Bildungs-
hero *PL* heroes	Held(in)
celebrate	feiern, zelebrieren, preisen
perfect	perfekt, vollkommen; Perfekt; vervollkommnen, perfektionieren
chain	Kette; verketten, anketten
description	Beschreibung
threaten	(an)drohen, bedrohen
treaty	Abkommen, Vertrag
soccer *AE*	Fußballspiel
Sunday	Sonntag
reaction	Reaktion
boundary	Grenze, Begrenzung, Rand
unable	unfähig, außerstande, nicht in der Lage
palace	Palast
identity	Identität
volunteer	Freiwillige(r); sich freiwillig melden
educate	ausbilden, erziehen
occasion	Gelegenheit, Anlass; verursachen
withdraw *PS* withdrew *PP* withdrawn	(sich) zurückziehen, abheben [Geld]
cycle	Zyklus, Kreislauf, Rad, Fahrrad, Arbeitsgang; Rad fahren
distribute	verteilen, [Waren] vertreiben
cricket	Kricket, Grille
Swedish	schwedisch; Schwedisch
interested	interessiert
nuclear	nuklear, Kern-
Santa (Clause)	Weihnachtsmann
grind *PS* ground *PP* ground	(zer)mahlen, zerquetschen, scharf schleifen; Schufterei
architecture	Architektur
plane	Flugzeug. Ebene, (ebene) Fläche, Hobel; flach, eben; ebnen, hobeln
bass	Bass, Seebarsch
Pakistan	Pakistan
comprise	beinhalten, bestehen aus

summary	Zusammenfassung, Resümee
push	Stoß, Vorstoß; stoßen, schieben
alliance	Bündnis, Allianz
sample	Beispiel, Muster, Probe, Stichprobe; eine Probe nehmen, eine Stichprobe machen
attract	anziehen, anlocken
per cent *BE*, **percent** *AE*	Prozent
certainly	sicherlich, gewiss, sicher
standing	Ansehen; stehend
tank	Tank, Panzer
factory	Fabrik
importance	Wichtigkeit
oppose	widersetzen, entgegentreten, sich wenden gegen
deputy	Stellvertreter(in), Abgeordnete(r), Polizeioffizier(in) *AE*
a little	ein bisschen; etwas, ein wenig
pope	Papst
speaker	Redner(in), Sprecher(in)
infantry	Infanterie
equal *PS* equaled *AE*/equalled *BE* *PP* equaled *AE*/equalled *BE* *VF* equaling *AE*/equalling *BE*	gleich; gleichen, gleich sein; Gleichgestellte(r)
legend	Legende, Sage, Inschrift
marked	markiert, spürbar, markant, ausgeprägt, gebrandmarkt
motion	Bewegung, Stuhlgang
programming	Programmierung
criminal	kriminell, verbrecherisch; Verbrecher(in)
Atlantic	Atlantik; atlantisch
bat *PS* batted *PP* batted *VF* batting	Fledermaus, Schläger [Tennis, Baseball]; schlagen
sail	Segel; segeln
prime minister	Ministerpräsident(in), Premierminister(in)

Vokabeln 1801 bis 1900

somewhat	ziemlich, einigermaßen, ein wenig
leg	Bein
threat	Bedrohung, Drohung
gallery	Galerie
imperial	kaiserlich, imperial
of course	selbstverständlich, natürlich
Olympic	olympisch
slightly	etwas, ein wenig, ein bisschen
ensure	gewährleisten, sicherstellen
colony	Kolonie
faculty	Fakultät, Fähigkeit
relative	relativ, verhältnismäßig; Verwandte(r)

progress	Fortschritt, fortschreitende Entwicklung, Progress; Fortschritte machen, vorwärtskommen
planning	Planung; planend
bowl	Schüssel, Schale; kegeln
restaurant	Restaurant
drum *PS* drummed *PP* drummed *VF* drumming	Trommel; trommeln
giant	Riese; riesig
invite	einladen
motor	Motor; motorisch, Motor-
flying	Fliegen; fliegend
desire	Wunsch, Verlangen, Sehnsucht; wünschen, begehren, ersehnen
expansion	Ausdehnung, Erweiterung, Expansion
prefer *PS* preferred *PP* preferred *VF* preferring	bevorzugen
bind *PS* bound *PP* bound	binden
exactly	genau
encyclopaedia *BE*, **encyclopedia** *AE*	Enzyklopädie, Lexikon
worth	wert; Wert
premier	erste, führende, oberste; Premier(minister)(in)
brief	kurz, knapp; Instruktion; instruieren
designate	kennzeichnen, bezeichnen, benennen, ernennen; designiert
speedy *KO* speedier *SU* speediest	schnell, geschwind
employee	Arbeitnehmer(in), Angestellte(r)
belief	Glaube, Überzeugung
secure	sicher; sichern, absichern
set up	aufbauen, einrichten, errichten
vessel	Schiff, Gefäß
pretty *KO* prettier *SU* prettiest	hübsch; ziemlich
onto	auf [plus Akk.]
journalist	Journalist(in)
cemetery	Friedhof
failure	Versagen, Fehlschlag, Misserfolg
bond	Bindung [auch chemische], Verbindung, Schuldschein, (festverzinsliches) Wertpapier; binden [eine Verbindung eingehen]
observe	beobachten
column	Spalte [einer Tabelle], Säule
net *PS* netted *PP* netted *VF* netting	Netz; netto, Netto-; netto verdienen
cat	Katze
chamber	Kammer
sequence	Reihenfolge, Sequenz
scientist	Wissenschaftler(in)
error	Fehler, Irrtum

accompany	begleiten
expert	Expertin, Experte; fachkundig, ausgezeichnet
demonstrate	zeigen, demonstrieren, veranschaulichen
severe	ernst, heftig
fuel *PS* fueled *AE*/fuelled *BE* *PP* fueled *AE*/fuelled *BE* *VF* fueling *AE*/fuelling *BE*	Brennmaterial, Brennstoff, Kraftstoff, Treibstoff; mit Treibstoff/Brennstoff versorgen
investigation	Untersuchung, Ermittlung, Erforschung
reject	ablehnen
promotion	Förderung, Werbekampagne, Beförderung [Beruf]
finance	Finanzwesen, Geldmittel; finanzieren
emerge	hervorkommen, herauskommen, auftauchen, hervorgehen aus
advantage	Vorteil, Nutzen
pitch	(im hohen Bogen) werfen; Wurf, Spielfeld *BE*
cold	kalt; Erkältung
Sweden	Schweden
myself	mich, selbst
intelligence	Intelligenz
rescue	Rettung; retten
fixed	festgesetzt, festgelegt, befestigt
wild	wild
mode	Art (und Weise), Modus
strength	Stärke, Widerstandskraft, Festigkeit
architect	Architekt(in)
civil war	Bürgerkrieg
criticism	Kritik
priest	Priester(in)
maybe	vielleicht
experiment	Experiment, Versuch; experimentieren
corner	Ecke, Kurve; in die Enge treiben
sex	Geschlecht, Sex
a bit (of)	ein bisschen (von)
fox	Fuchs
internal	intern, innerlich, innere
combination	Kombination
phrase	Redewendung; formulieren
gene	Gen [Erbfaktor]
circuit	Stromkreis, Schaltkreis
Brazil	Brasilien
yellow	gelb; Gelb
composition	Zusammensetzung, Zusammenstellung, Komposition
poetry	Poesie
lyric	lyrisch
path	Pfad, Weg

enable	ermöglichen, befähigen
symbol	Symbol
setting	Lage, Situation, Umfeld, Einrichtung, Untergang [z. B. Sonne]
inhabitant	Bewohner(in), Einwohner(in)
string *PS* strung *PP* strung	Band, Saite, String; aufreihen, auffädeln
qualify	qualifizieren
frame	Rahmen; einrahmen, formulieren [z. B. eine Frage]

Vokabeln 1901 bis 2000

external	extern, äußere, äußerlich
suggestion	Vorschlag
literary	literarisch
trip *PS* tripped *PP* tripped *VF* tripping	Reise, Ausflug, Trip; stolpern
moon	Mond
respectively	jeweils, beziehungsweise
broad	breit
introduction	Einführung, Einleitung
scheme	Schema, Plan; Pläne schmieden
notably	bemerkenswert, angesehen, auffallend
North America	Nordamerika
manner	Art, Weise, Benehmen
invasion	Invasion, Eindringen
camera	Fotoapparat, Kamera
specialize [auch: specialise *BE*]	(sich) spezialisieren
fictional	erdichtet, erfunden
hire	Mieten *BE*; [jemanden] einstellen, anheuern, mieten *BE*
poverty	Armut
protein	Protein, Eiweiß
formula *PL* formulae oder formulas	Formel
wheel	Rad, Lenkrad, Steuerrad
bomb	Bombe; bombardieren
dynasty	Dynastie
resign	zurücktreten [vom Amt], aufgeben [eine Stelle], abdanken
alongside	längsseits; neben
reign	Herrschaft, Regentschaft; herrschen, regieren
characteristic	charakteristisch; (charakteristisches) Merkmal, Charakteristik
understanding	Verständnis, Verständigung
bell	Klingel, Glocke
publishing	Verlagswesen
borough	Stadtteil
permanent	permanent, dauerhaft

warn	warnen
victim	Opfer
senator	Senator(in)
footballer	Fußballspieler(in)
kilometre *BE*, **kilometer** *AE*	Kilometer
documentary	dokumentarisch; Dokumentarfilm
expedition	Expedition, Forschungsreise
responsibility	Verantwortung, Verantwortlichkeit
piano	Piano, Klavier
exception	Ausnahme
earl	Graf
metropolitan	Großstädter(in); (groß)städtisch
spell *PS* spelt/spelled *PP* spelt/spelled	buchstabieren; Zauber(spruch)
battalion	Bataillon
determined	entschlossen
gate	Tor, Gate
negative	negativ
opponent	Gegner(in), Opponent(in)
temporary	vorübergehend, zeitweilig, temporär
environmental	Umwelt-
towards	in Richtung auf, gegen, zu
towards *BE*, **toward** *AE*	in Richtung auf, gegen(über)
plus	plus; Plus
coin	Münze; prägen
strip *PS* stripped *PP* stripped *VF* stripping	Streifen; (sich) ausziehen
violation	Verletzung [von Vorschriften], Übertretung, Verstoß
load	Ladung, Last; beladen, laden [z. B. Gewehr]
reality	Realität, Wirklichkeit
jump	Sprung; springen
cancer	Krebs
exclusive	exklusiv, ausschließlich; Exklusivbericht, Exklusivinterview
sponsor	Sponsor(in); fördern, sponsern
broken	gebrochen, kaputt
universe	Universum, Weltall
electronic	elektronisch
thank	danken
any other	sonstige, weitere
Netherlands	Niederlande
heavily	schwer
implement	implementieren, umsetzen, durchführen; Werkzeug, Gerät
mid	mittlere, Mitte-; Mitte

fashion	Mode
administrative district	Verwaltungsbezirk
herself	sich, sich selbst, sie selbst
for the first time	zum ersten Mal, erstmals
trouble	Sorge, Problem, Schwierigkeit(en), Konflikt; (sich) beunruhigen, Sorge machen
chair	Stuhl, Sessel, Lehrstuhl; den Vorsitz haben
pursue	streben nach
vandalism	Vandalismus, Zerstörungswut
illustrate	illustrieren, veranschaulichen
racial	rassisch, Rassen-
to be able	in der Lage sein, imstande sein, können
permit *PS* permitted *PP* permitted *VF* permitting	erlauben, zulassen; Erlaubnis, Genehmigung
African American [seltener: African-American]	Afroamerikaner(in); afroamerikanisch
holding	Beteiligung, Besitz [an Wertpapieren]
straight	geradeaus; gerade
pioneer	Pionier(in)
Korea	Korea
contrast	Gegensatz, Kontrast; gegenüberstellen
suit	Anzug, Prozess [Gerichtsverfahren]; passen
sit *PS* sat *PP* sat *VF* sitting	sitzen; Sitz
install *VF* installing	installieren, einrichten, einbauen
eliminate	eliminieren, beseitigen
soul	Seele
improvement	Verbesserung
habitat	Lebensraum, Habitat
pull	ziehen; Ruck
happy *KO* happier *SU* happiest	glücklich

Vokabeln 2001 bis 2100

ultimately	(letzt)endlich, schließlich
neither	keine(r,s) (von beiden); auch nicht; weder
script	Drehbuch, Skript, Schrift(system)
truth	Wahrheit
controversy	Kontroverse
ray	Strahl
huge	gewaltig, riesig
maximum *PL* maxima oder maximums	Maximum; maximal
adventure	Abenteuer
encounter	Begegnung, Zusammentreffen; treffen auf, stoßen auf, begegnen
row	Reihe, Zeile; rudern

suburb	Vorstadt
even though	obwohl, obgleich
brigade	Brigade
in particular	insbesondere
sixth	sechste(r,s); Sechstel
extra	extra; zusätzlich; Extra, Beigabe
Norwegian	Norweger(in), Norwegisch; norwegisch
painting	Gemälde, Malerei
versus	gegen
equivalent	äquivalent, gleichwertig; Äquivalent, Entsprechung, Gegenwert
depict	schildern, veranschaulichen
prisoner	Häftling, Gefangene(r)
at the same time	zur selben Zeit, gleichzeitig
steal *PS* stole *PP* stolen	stehlen
exercise	Übung, Übungsaufgabe; (aus)üben
advocate	Anwalt, Anwältin, Befürworter(in); befürworten
extension	Ausdehnung, Erweiterung, Verlängerung, Telefonanschluss [eines Hauptanschlusses]
closely	nahe, dicht, eng, sorgfältig
abuse	Missbrauch; missbrauchen
titled	betitelt, adelig
cool	kühl, gelassen, cool; (ab)kühlen
forum *PL* forums oder fora	Forum [auch Diskussionsforum]
to be located	sich befinden
baby	Baby, Säugling
publisher	Verleger(in), Herausgeber(in)
controversial	kontrovers, strittig, umstritten
weather	Wetter, Witterung; verwittern, überstehen
attribute	Attribut, Merkmal, Eigenschaft; zuschreiben, zurechnen
provincial	provinziell; Provinzler(in)
glass	Glas
apart	getrennt
favourite *BE*, **favorite** *AE*	Favorit; liebste(r)
investment	Investition, Investment, Anlage [Geld]
strategy	Strategie
mobile	mobil, beweglich; Handy *BE*
ending	Ende, Beendigung
sector	Sektor
sufficient	genügend, ausreichend, hineichend
flat *KO* flatter *SU* flattest	flach, eben; Ebene, Reifenpanne, Wohnung
federation	Föderation, Vereinigung
angel	Engel
exhibition	Ausstellung

handle	Griff, Henkel, Stiel; handhaben, behandeln [z. B. ein Thema]
Christmas	Weihnachten
Korean	Koreaner(in), Koreanisch; koreanisch
heritage	Erbe
recommend	empfehlen
resolve	(auf)lösen, beschließen; Entschlossenheit, Entschluss
lane	Fahrspur, Gasse, Weg
magic *PS* magicked *PP* magicked	magisch; Magie
kid *PS* kidded *PP* kidded *VF* kidding	Kind; scherzen, foppen
passing	Vorbeifahren, Vorbeigehen, Überholen, Ableben; passierend, vorbeifahrend, vorbeigehend
loan	Darlehen, Kredit; leihen, borgen
selection	Auswahl, Selektion
conclude	beschließen, schließen, folgern
criticize [auch: criticise *BE*]	kritisieren
football league	Fußball Liga
developing	Entwicklung; (sich) entwickelnd, Entwicklungs-
constituency	Wahlkreis, Wählerschaft [eines Wahlkreises]
constant	konstant, gleichbleibend; Konstante
weekly	wöchentlich
deny	verweigern, verneinen
phone	Telefon; [per Telefon] anrufen
frequency	Frequenz, Häufigkeit
interesting	interessant
sexual	geschlechtlich, sexuell
citation	Zitat, Vorladung
establishment	Gründung, Schaffung, Unternehmen, Niederlassung, Institution, Establishment
interior	Innere; innere, Innen-
rival *PS* rivaled *AE*/rivalled *BE* *PP* rivaled *AE*/rivalled *BE* *VF* rivaling *AE*/rivalling *BE*	Konkurrent(in), Rivale, Rivalin; rivalisieren, konkurrieren; konkurrierend
Christ	Christus
legislative	gesetzgebend
operator	Bediener(in), Operator(in), Operator [Mathematik], Telefonist(in)
crash	Crash, Absturz, Zusammenstoß; abstürzen, zusammenstürzen, zusammenstoßen
plain	eben, schlicht [einfach], klar [deutlich]; Ebene, Flachland
hence	daher, deshalb
shoot *PS* shot *PP* shot	schießen
ignore	ignorieren
customer	Kunde, Kundin
solicitor *BE*, **lawyer** *AE*	Rechtsanwalt, Rechtsanwältin

stream	Strom [z. B. Wasser, Menschen]; strömen
relate	berichten, erzählen, in Zusammenhang stehen/setzen
dragon	Drache
in general	im Allgemeinen, allgemein
confuse	verwirren, irritieren
world cup	Weltmeisterschaft
tall	groß; hoch
municipal	städtisch
ceremony	Zeremonie

Vokabeln 2101 bis 2200

instruction	Instruktion, Anweisung, Unterweisung
presidential	Präsidentschafts-, Präsidenten-
ethnic	ethnisch, Volks-
email [auch: e-mail]	E-Mail
accident	Unfall, Unglück, Zufall
protest	Protest; protestieren
doubt	Zweifel; zweifeln, bezweifeln
supporter	Unterstützer(in), Befürworter(in), Anhänger(in)
South Africa	Südafrika
normally	normalerweise
engaged	verlobt, beschäftigt, besetzt *BE*[Telefon]
scout	Kundschafter(in), Pfadfinder(in); erkunden
twin	Zwilling; Zwillings-
opposite	Gegenteil; entgegengesetzt, gegenüberliegend;; gegenüber
exhibit	ausstellen; Ausstellungsstück
acid	Säure; sauer
cable	Kabel, Seil; telegrafieren
resistance	Widerstand, Resistenz
promise	Versprechen, Zusage; versprechen, zusagen
wasn't	Abk. für: was not
recover	sich erholen, wiederherstellen, genesen
take place	stattfinden, geschehen
witness	Zeugin, Zeuge; bezeugen
downtown	Innenstadt, Stadtzentrum; ins Stadtzentrum, in die Innenstadt
mistake *PS* mistook *PP* mistaken	Missverständnis, Versehen, Missgriff, Fehler; missverstehen, sich irren, sich versehen
originate	entspringen, entstehen, seinen Ursprung haben
airline	Fluggesellschaft
welcome	begrüßen, willkommen heißen; willkommen; Begrüßung
twelve	zwölf
dry *KO* drier/dryer *SU* driest/dryest	trocken; abtrocknen, trocknen

inch	Zoll [Maßeinheit]
cathedral	Kathedrale
biography	Biographie
wine	Wein
variation	Variation, Veränderung, Abwandlung
visitor	Besucher(in)
brain	Gehirn
peer	starren, spähen; Gleichrangige(r), Gleichaltrige(r), Hoch-adlige(r) *BE*
Bangladesh	Bangladesch
genre	Genre
Arab	arabisch; Araber(in)
orange	Apfelsine, Orange; orangefarben
flood	Flut, Überschwemmung; überfluten, überschwemmen
wrestle	ringen; Ringkampf
reply	Antwort, Erwiderung; (be)antworten, erwidern
charter	chartern; Charter, Urkunde, Gründungsurkunde, Charta, Satzung
hole	Loch
shore	Küste, Ufer
flee *PS* fled *PP* fled	fliehen
briefly	knapp, kurz
discovery	Entdeckung
rely on	sich verlassen auf, vertrauen auf
procedure	Verfahren(sweise), Prozedur, Vorgehen
attorney	Rechtsanwalt, Rechtsanwältin
nickname	Spitzname
plate	Platte, Teller
colonel	Oberst
evil	böse, boshaft; Böse, Übel
portray	porträtieren, schildern
warning	Warnung; warnend
vision	Sehvermögen, Vision, Vorstellung
satellite	Satellit, Trabant
seed	Samen, Keim; (be)säen
Norway	Norwegen
Portuguese	Portugiesin, Portugiese, Portugiesisch; portugiesisch
residence	Wohnsitz, Aufenthaltsort, Residenz
convince	überzeugen
manufacture	Herstellung, Fabrikation; erzeugen, fertigen, herstellen
parallel	parallel; Parallele; parallel verlaufen zu, ähneln
to be in	in sein, angesagt sein, da sein
hoarding *BE*, billboard *AE*	Anschlagtafel
controlled	kontrolliert, unter Kontrolle
amateur	Amateur(in), Anfänger(in)

among others	unter anderem
beautiful	schön
hair	Haar
premiere	Premiere, Uraufführung
Iraq	Irak
carrier	Spediteur(in), Transportunternehmen, Transporteur(in), Gepäckträger(in), Fluggesellschaft
concerning	hinsichtlich, betreffend
compared to	im Vergleich zu, verglichen mit
agricultural	landwirtschaftlich
Summer Olympics	Olympische Sommerspiele
concerned	besorgt, beunruhigt
princess	Prinzessin
junction	Verbindung(sstelle), Anschlussstelle
index *PL* indices oder indexes	Index, Verzeichnis; indexieren, indizieren
visual	visuell
approved	genehmigt, bewährt
entrance	Eingang, Eintritt
manufacturer	Hersteller(in), Fabrikant(in)
inform	informieren, benachrichtigen
dollar	Dollar
repair	Reparatur, Ausbesserung; reparieren, ausbessern
distinguished	bemerkenswert, berühmt, hervorragend, ausgezeichnet
cap *PS* capped *PP* capped *VF* capping	Kappe, Deckel, Mütze, Krone [Zahn]; bedecken, überkronen
transportation	Beförderung, Transport
membership	Mitgliedschaft
recognition	Erkennen, Anerkennung
difficulty	Schwierigkeit

Vokabeln 2201 bis 2300

mathematics	Mathematik
permanently	ständig, permanent
monitor	Bildschirm, Monitor; überwachen, kontrollieren
for years	jahrelang
billion	Milliarde [Vorsicht! Im älteren britischen Englisch: Billion]
venue	Veranstaltungsort
arrange	arrangieren, anordnen, vereinbaren
physics	Physik
patrol *PS* patrolled *PP* patrolled *VF* patrolling	Patrouille, Streife; patrouillieren
wonder	Wunder; sich wundern, sich fragen
consistent	konsistent, folgerichtig, konsequent
in terms of	in Hinsicht auf, hinsichtlich

once again	noch einmal
climate	Klima
domestic	inländisch, häuslich, Inlands-, Binnen-
Greece	Griechenland
thank you	danke
expression	Ausdruck
personality	Persönlichkeit
popularity	Beliebtheit, Popularität
talent	Begabung, Talent
stick *PS* stuck *PP* stuck	Stock; (an)stecken, stechen, (fest)kleben
Egypt	Ägypten
folk	Leute; Volk-
anniversary	Jahrestag, Jubiläum, Hochzeitstag
occasionally	gelegentlich
extreme	extrem, äußerste; Extrem
slave	Sklave, Sklavin
sleep *PS* slept *PP* slept	Schlaf; schlafen
execute	ausführen, hinrichten
rush	Eile; eilen
rear	Rückseite; rückwärtig; großziehen
tale	Erzählung
sky	Himmel
zero *PL* zeroes oder zeros	null; Null
come to	sich belaufen auf, kommen zu
thinking	Ansicht, Denken; denkend
layer	Schicht, Layer; (auf)schichten
farmer	Bauer, Bäuerin, Landwirt(in)
journey	Reise, Fahrt; reisen
pool	Pool; bündeln
distinct	deutlich, verschieden
govern	regieren
roughly	ungefähr
democrat	Demokrat(in)
Philippines	Philippinen
Moscow	Moskau
fruit	Frucht, Obst
elementary	elementar, grundlegend, Grund-
depending on	abhängig von; je nach
laboratory	Labor(atorium)
designer	Designer(in), Konstrukteur(in)
server	Server
climate change	Klimawandel
gay	homosexuell, schwul, fröhlich; Schwuler, Homosexuelle(r)
evening	Abend; Abend-

participant	Teilnehmer(in)
Austria	Österreich
in front	vorn, voraus
Saturday	Samstag
salt	Salz; gesalzen; salzen
universal	allgemein(gültig), universal, universell
skin *PS* skinned *PP* skinned *VF* skinning	Haut; (ent)häuten, [Obst] schälen
interpretation	Interpretation, Auslegung
safe	sicher, in Sicherheit; Geldschrank, Safe
reputation	Ansehen, Reputation
hang *PS* hung *PP* hung	hängen, erhängen, anhängen
attach	befestigen, anhängen, beifügen
eagle	Adler
Miss	Fräulein
solve	auflösen, lösen
guitarist	Gitarrist(in)
possibility	Möglichkeit
offensive	offensiv, angriffslustig; Offensive, Angriff
false	falsch
whatever	was auch immer
tiger	Tiger
supposed	mutmaßlich, angenommen
civilian	Zivilist(in); Zivil-
Singapore	Singapur
assistance	Beistand, Hilfe, Unterstützung
lock	Schloss [einer Tür], Verschluss; (ab)schließen
dam *PS* dammed *PP* dammed *VF* damming	Staudamm; stauen
crisis *PL* crises	Krise
advice	Rat(schlag)
locomotive	Lokomotive
movies	Filme, Kino *AE*
clan	Clan, Sippe
whilst *BE*	während, solange
warrior	Krieger, Kämpfer
retirement	Ruhestand
tourist	Tourist(in)
amongst	inmitten
adapt	(sich) anpassen, adaptieren
surround	umgeben, umschließen, umringen
Mexican	Mexikaner(in); mexikanisch
in the middle	mitten, in der Mitte
audio	Audio-, Ton-
praise	Lob; loben, preisen

| trace | Spur; aufspüren, ausfindig machen |
| as such | als solche(s,r), schlechthin |

Vokabeln 2301 bis 2400

Nazi	Nazi; Nazi-
usage	Gebrauch, Verwendung
enterprise	Betrieb, Unternehmen
segment	Abschnitt, Segment
arise *PS* arose *PP* arisen	hervorgehen (aus), entstehen, entspringen
submit *PS* submitted *PP* submitted *VF* submitting	abschicken, einreichen
athletic	athletisch
output *PS* output/outputted *PP* output/outputted *VF* outputting	Ausgabe, Ergebnis, Ertrag; ausgeben
investigate	erforschen, untersuchen
undergo *PS* underwent *PP* undergone	sich unterziehen, durchmachen
at that time	damals, zu jener Zeit
painter	Maler(in)
well-known [seltener: well known]	wohlbekannt, vertraut
personnel	Personal, Belegschaft
dominate	dominieren, vorherrschen, beherrschen
patent	Patent; patentieren (lassen)
violate	[eine Vorschrift] verletzen, [ein Gesetz] übertreten
transform	transformieren, umwandeln
twenty	zwanzig
resort	Urlaubsort, Ferienort, Zuflucht
advertising	Reklame, Werbung; werbend
shell	Schale [z. B. vom Ei], Muschel, Schneckenhaus, Granate
differ	sich unterscheiden, differieren
permission	Erlaubnis, Genehmigung
surprise	Überraschung; überraschen
database	Datenbank
partnership	Partnerschaft
agriculture	Landwirtschaft, Ackerbau
solid	fest, massiv, solide; Festkörper
capable	fähig, befähigt
shall *PS* should	soll(en)
the Netherlands	die Niederlande
collapse	Kollaps, Einsturz, Zusammenbruch; kollabieren, zusammenbrechen
delay	Aufschub, Verspätung, Verzögerung; verzögern
desert	Wüste; öde; im Stich lassen, verlassen, desertieren
alternate	abwechseln, alternieren; abwechselnd, alternierend; Ersatzperson

experienced	erfahren, bewandert
explanation	Erklärung, Erläuterung
compilation	Zusammenstellung, Kompilierung
equation	Gleichung
Iran	Iran
massive	massiv
guess	vermuten, (er)raten; Vermutung
Hispanic	spanischer Herkunft, hispanisch; Hispanoamerikaner(in)
constitute	konstituieren, darstellen, gründen
regulation	Regelung, Regulierung, Vorschrift
neutral	neutral; neutrales Land, Neutrale(r), Leerlauf [Gangschaltung]
god	Gott [wenn man allgemein über einen Gott spricht]
explore	erforschen, erkunden
clean	rein, sauber; reinigen, putzen, säubern
Turkish	türkisch; Türkisch
scheduled	planmäßig
compound	Zusammensetzung, [chemische] Verbindung; mischen, verbinden; zusammengesetzt
driving	Fahren; fahrend, treibende [z.B. Kraft]
in honour of *BE*, **in honor of** *AE*	zu Ehren von, anlässlich
tone	Klang, Ton(art), Farbton, Note *AE*
panel *PS* paneled *AE*/panelled *BE* *PP* paneled *AE*/panelled *BE*	Gremium, Paneel; täfeln
recruit	Rekrut; rekrutieren, (neu) einstellen
golf	Golf; Golf spielen
pro	Pro, Profi; dafür; pro, für
occupation	Beruf, Beschäftigung, Besetzung [eines Landes], Besitznahme
narrow	eng; (sich) verengen, einengen
cabinet	Kabinett, Schrank
successor	Nachfolger(in)
passage	Durchfahrt, Durchgang, Passage
considerable	beachtlich, beträchtlich, erheblich
chapel	Kapelle
sorry *KO* sorrier *SU* sorriest	jämmerlich; Pardon
for instance	beispielsweise, zum Beispiel
poll	Abstimmung, Wahl; abstimmen, wählen
anyway	trotzdem, sowieso, auf alle Fälle, jedenfalls, eigentlich
Bible	Bibel
hide *PS* hid *PP* hidden	(sich) verstecken, verbergen
whereas	wohingegen
Turkey	Türkei
meanwhile	unterdessen, inzwischen, mittlerweile
socialist	sozialistisch; Sozialist(in)

dean	Dekan
afterward [auch: afterwards *BE*]	nachher, anschließend, nachträglich
tunnel	Tunnel
emergency	Notfall
client	Klient(in)
Islamic	islamisch
rationale	Gründe, Begründung, rationale Erklärung
lift	Gründe, Begründung, rationale Erklärung; Lift, Fahrstuhl, Hochheben, Anheben
fairly	ziemlich, einigermaßen
touch	Berührung; berühren; im Endstadium, tödlich verlaufend, terminal
lion	Löwe
terminal	Endstation, Terminal, Anschlussstelle; im Endstadium, End-
possess	besitzen
essay	Essay, Aufsatz
in favour of *BE*, in favor of *AE*	zugunsten
committed	verpflichtet
representation	Darstellung, Repräsentation, Repräsentanz
achievement	Zustandebringen, Errungenschaft
Israeli	Israeli; israelisch
make-up *BE*, makeup *AE*	Make-up, Schminke, Struktur [einer Gruppe], [persönliche] Verfassung
soil	Verschmutzung, Erdboden; verschmutzen, beschmutzen, verunreinigen
railway station	Bahnhof
objective	objektiv; Ziel(setzung)

Vokabeln 2401 bis 2500

Switzerland	Schweiz
merchant	Kauffrau, Kaufmann; Handels-
waste	verschwenden, vergeuden; Verschwendung, Vergeudung, Abfall; brachliegend, öde, wüst, unbebaut
collaboration	Kollaboration, Zusammenarbeit
arrangement	Arrangement, Anordnung, Vereinbarung
input *PS* input/inputted *PP* input/inputted	Eingabe, Input; eingeben
unfortunately	leider, bedauerlicherweise, unglücklicherweise
cardinal	Kardinal; Kardinal-, grundlegend
creative	kreativ, schöpferisch
hurricane	Hurrikan, Orkan
steam	Dampf; dampfen, dämpfen
minority	Minderheit, Minorität

aware	bewusst, gewahr
holiday	Urlaub, Ferien, Feiertag [AE]
sudden	plötzlich
creator	Schöpfer(in), Urheber(in)
violence	Gewalt(tätigkeit)
in front of	vor
goods	Güter, Waren
medieval	mittelalterlich
unusual	ungewohnt, ungewöhnlich
merely	lediglich, nur
wouldn't	Abk. für: would not
additionally	zusätzlich, darüber hinaus, außerdem
greatly	sehr, überaus, außerordentlich
careful	vorsichtig, sorgfältig
uncle	Onkel
adjacent	angrenzend, danebenliegend
dress	Kleid, Kleidung; (be)kleiden, (sich) anziehen
cave	Höhle
portal	Portal, Internetplattform, Website
exact	exakt, genau; abverlangen, fordern
detailed	ausführlich, detailliert
tennis	Tennis
monastery	Kloster
the Soviet Union	die Sowjetunion
rebuild *PS* rebuilt *PP* rebuilt	umbauen, wieder aufbauen
monument	Denkmal
diocese	Diözese, Bistum
commissioner	Kommissar(in)
gather	sammeln, sich ansammeln, versammeln
variable	variabel, veränderlich; Variable
ready *KO* readier *SU* readiest	bereit, fertig
landing	Landung, Anlegestelle; landend
lead to	führen zu, leiten zu
parameter	Parameter, Kenngröße
medium *PL* media oder mediums	mittlere, medium; Medium, Mittel
ruler	Herrscher(in), Lineal
evolve	(sich) entwickeln, (sich) entfalten
squad	Trupp, Dezernat
inclusion	Einbeziehung, Aufnahme, Inklusion
circumstance	Umstand
mail	Postsendung, Mail; versenden
lorry [BE], **truck** [AE]	Lastwagen
gang	Verbrecherbande, Clique
commonwealth	Staatenbund
coordinate	Koordinate; koordinieren

sink *PS* sank/sunk *AE* *PP* sunk/sunken *AE*	(ver)sinken, untergehen; Spülbecken
engage	engagieren, verloben
superior	höhergestellt, überlegen; Vorgesetzte(r)
economics	Ökonomie, Wirtschaftswissenschaften
budget	Budget, Etat; budgetieren
marketing	Marketing, Vermarktung
conclusion	Schlussfolgerung, Abschluss
egg	Ei
initiative	Initiative
Roman Catholic	römisch-katholisch
kick	Kick, Fußtritt; treten
recall	Rückruf(aktion), Abberufung, Erinnerung; zurückrufen, abberufen, sich erinnern (an)
classify	klassifizieren
corporate	gemeinsam, korporativ, Firmen-
cousin	Cousin(e), Vetter
Romania	Rumänien
besides	außerdem, ansonsten; außer, neben
stuff	Zeug, Kram; vollstopfen, ausstopfen
assault	Überfall, Angriff; überfallen
forget *PS* forgot *PP* forgotten/forgot *AE* *VF* forgetting	vergessen
peninsula	Halbinsel
mouth	Mund, Maul, Mündung
Census Bureau	Statistisches Bundesamt, Census Bureau
outstanding	hervorragend, ausstehend [z. B. Schulden]
coat	Mantel, Beschichtung, Überzug; beschichten, überziehen
variant	Variante
replacement	Ersetzung, Auswechslung
essentially	im Wesentlichen
uniform	Uniform; einheitlich, gleichförmig; uniformieren
as for	was ... angeht, was ... betrifft
characterize [auch: characterise *BE*]	charakterisieren
helping	Portion [Essen]; helfend
on it	darauf, drauf
blog *PS* blogged *PP* blogged	Blog, Online-Tagebuch; Online-Tagebuch schreiben, bloggen
mechanism	Mechanismus
reverse	entgegengesetzt, umgekehrt; Gegenteil, [das] Umge-kehrte, Kehrseite; rückgängig machen, zurücksetzen, umdrehen
angle	Winkel, Ecke, Kannte; angeln
arrival	Ankunft
colonial	kolonial

ranger	Ranger(in), Förster(in)
elsewhere	anderswo, woanders
upload	hochladen; Hochladen, [das] Hochgeladene, Upload
consumer	Konsument(in), Verbraucher(in)

Vokabeln 2501 bis 2600

ahead	vor, voraus
travelling *BE*, **traveling** *AE*	Reise-, (herum)reisend
bone	Knochen, Gräte; entgräten
Czech	Tscheche, Tschechin, Tschechisch; tschechisch
stretch	strecken, (aus)dehnen; Strecken, Dehnen
landscape	Landschaft, Querformat [Bildausrichtung]; landschaftlich gestalten
stress	Stress; betonen
automatically	automatisch
weak	schwach, geschwächt
profile	Profil
bed *PS* bedded *PP* bedded *VF* bedding	Bett; betten
funding	Finanzausstattung
sum *PS* summed *PP* summed *VF* summing	Summe; zusammenfassen, (auf)summieren
orthodox	orthodox, strenggläubig
veteran	Veteran(in); altgedient
missile	Rakete
revolutionary	revolutionär; Revolutionär(in)
Latino	Lateinamerikaner(in), Latino
blues	Blues
excellent	ausgezeichnet, hervorragend
weekend	Wochenende
balance	Gleichgewicht, Saldo, Guthaben, Bilanz; abwägen, ausgleichen, bilanzieren, balancieren
coal	Kohle
battery	Batterie [Strom und Militär]
so far	bislang, bis jetzt, bis hierher
blow *PS* blew *PP* blown	Hieb, Schlag, Schicksalsschlag, Blasen; blasen, wehen
tape	Band, Tonband, Klebestreifen; auf Band aufnehmen, mit Klebestreifen kleben
Danish	Dänen, Dänisch; dänisch
extent	Ausmaß
bachelor	Bachelor, Junggeselle
fishing	Fischen, Angeln
bronze	bronzefarben, Bronze-; Bronze
expose	freilegen, enthüllen, entblößen, aussetzen [z. B. der Sonne, Gefahr], belichten [Foto], exponieren

rifle	Gewehr
fix	befestigen, fixieren, in Ordnung bringen; Schlamassel, Dilemma
progressive	zunehmend, fortschreitend, progressiv
Argentina	Argentinien
over there	(dort) drüben, dort
ad [=advertisement]	Inserat, Werbung
proof	Beweis, Nachweis, Korrektur; imprägnieren, Korrektur lesen
seventh	siebte; Siebtel
parliamentary	parlamentarisch
franchise	Franchise, Wahlrecht
rain	Regen; regnen
ticket	Fahrkarte, Eintrittskarte
residential	Wohn-
spread out	(sich) ausbreiten
gulf	Golf, Meerbusen
visible	sichtbar
span *PS* spanned *PP* spanned *VF* spanning	Spanne, Spannweite; überspannen
maintenance	Instandhaltung, Erhaltung, Wartung
impossible	unmöglich
valid	gültig
resemble	ähneln
world championship	Weltmeisterschaft
major league	Oberliga, Erstliga
random	zufällig, Zufalls-
testing	Prüfen, Testen; testend
spiritual	geistig, geistlich, spirituell
intention	Absicht, Intention, Bestreben
raid	Überfall, Angriff, Raubzug, Razzia; überfallen, angreifen, (aus)plündern
charity	Nächstenliebe, Wohltätigkeit, Almosen, wohltätige Einrichtung
roof	Dach; überdachen
monster	Monster, Ungeheuer
climb	Anstieg; besteigen, klettern
fantasy	Fantasie
disagree	nicht übereinstimmen
increasingly	zunehmend
schedule	Zeitplan, Terminplan, Fahrplan, Flugplan; [Termine] planen
in the south	im Süden
touchdown	Aufsetzen [z. B. eines Flugzeuges], Touchdown [Sport]; landen
frequent	häufig; frequentieren

warm	warm; wärmen
defensive	defensiv, abwehrend; Defensive
immigrant	Einwanderin, Einwanderer
neighbouring *BE*, **neighboring** *AE*	benachbart, angrenzend
soundtrack	Soundtrack, Filmmusik, Tonspur
lecture	Vorlesung, Vortrag, Lehrveranstaltung, Strafpredigt; Vortrag halten, Vorlesung halten
coalition	Koalition
coastal	küstennah, Küsten-
Tokyo	Tokio
influential	einflussreich
specify	spezifizieren, genau beschreiben
distinction	Unterscheidung, Unterschied, Auszeichnung
inner	innere, innerlich, Innen-
sock	Socke, Faustschlag
organ	Organ, Orgel
no one	keiner, niemand
statue	Statue, Standbild
researcher	Forscher(in)
insurance	Versicherung
fee	Gebühr, Honorar
radio station	Radiosender, Rundfunkstation
poverty line	Armutsgrenze
Welsh	[die] Waliser, Walisisch; walisisch
crowd	Ansammlung, Menschenmenge; (sich) drängen
render	machen, leisten [z. B. Hilfe], wiedergeben, vorlegen [z. B. Rechnung], abwerfen [z. B. Gewinn]
per capita income	Pro-Kopf-Einkommen
submarine	U-Boot; Unterwasser-, Untersee-
cook	Koch, Köchin; kochen

Vokabeln 2601 bis 2700

mining	Bergbau
latest	neueste
underground	unterirdisch, Untergrund-
tune	Melodie; [Instrument] stimmen, tunen
snow	Schnee; schneien
cease	aufhören, beenden
chase	nachjagen, verfolgen; Verfolgungsjagd
as follows	folgendermaßen; wie folgt
Hungarian	Ungar(in), Ungarisch; ungarisch
wounded	verwundet
drink *PS* drank *PP* drunk	Drink, Getränk; trinken
penalty	Strafe

decrease	Abnahme, Verminderung, Verringerung; abnehmen, vermindern, verringern
mental	mental, geistig
expect	erwarten
possession	Besitz(tum), Eigentum
download	herunterladen, downloaden; Herunterladen, Downloaden, Download, [das] Heruntergeladene
tail	Schwanz
strange	fremd, seltsam, sonderbar
as far as	soviel, soweit
Persian	Perser(in), Persisch; persisch
sight	Sicht, Anblick, Sehenswürdigkeit, Sehvermögen; sichten, erblicken
crossing	Übergang, Überfahrt, Kreuzen [Biologie], Kreuzung
artillery	Artillerie
manufacturing	Fabrikation, Herstellung
highlight	Highlight, Lichtblick, Höhepunkt; hervorheben
substantial	substanziell, wesentlich
aged	im Alter von
shopping	Einkaufen, Shopping
proceed	weitergehen, fortschreiten, weitermachen, vorgehen
alter	(ab)ändern
nice	nett
in turn	wiederum, im Gegenzug
arbitrator	Schlichter(in)
gift	Geschenk, Gabe
particle	Partikel, Teilchen
contributor	Mitwirkende(r)
apparent	offensichtlich, scheinbar
rider	Reiter(in), Fahrer(in)
injure	verletzen. verwunden, kränken
consecutive	fortlaufend, aufeinanderfolgend, konsekutiv
Denmark	Dänemark
venture	wagen, riskieren; Wagnis, [risikohaftes] Unternehmen
suicide	Selbstmord, Suizid
Belgium	Belgien
sword	Schwert
acre	Acre [englisches und nordamerikanisches Flächenmaß, ca. 4047 Quadratmeter]
legislature	Legislative
enhance	verbessern
surname	Familienname, Nachname
perspective	Blickwinkel, Perspektive
householder	Hauseigentümer(in)
mall	Einkaufszentrum

at first	zunächst
reporter	Reporter(in)
observation	Beobachtung, Observation, Überwachung
shadow	Schatten; beschatten
transmission	Übermittlung, Übertragung
hall of fame	Hall of Fame, Ruhmeshalle, Galerie berühmter Personen
general election	allgemeine Wahl(en), Parlamentswahl *BE*
trophy	Trophäe, Pokal
concentrate	(sich) konzentrieren; Konzentrat
upgrade	Upgrade, Aufrüstung; upgraden, aufrüsten
apartment	Wohnung *AE*, Appartement
revenue	Einnahme, Ertrag
won't	Abk. für: will not
symphony	Sinfonie
bias	Befangenheit, Voreingenommenheit, Neigung; beeinflussen
assessment	Einschätzung, Bewertung, Begutachtung
consequence	Konsequenz
elevation	Erhebung, Erhöhung, Höhe über Meeresspiegel
crop *PS* cropped *PP* cropped *VF* cropping	Feldfrucht [besonders Getreide am Halm], Ernte(ertrag), Kropf [von Vögeln oder Insekten], kurzer Haarschnitt; stutzen, beschneiden, [Ernte] tragen
appreciate	(zu) schätzen (wissen)
portrait	Porträt
depart	abreisen
entity	Objekt, Ding, Entität
assert	beteuern, geltend machen, durchsetzen
package	Paket, Verpackung
solar	solar, Sonnen-
initiate	initiieren, veranlassen, einarbeiten; Anfänger(in)
breed *PS* bred *PP* bred	Züchtung, Zucht, Brut, Rasse [Tiere], Sorte [Pflanzen]; brüten, züchten
interaction	Wechselwirkung, Interaktion
developer	Entwickler(in)
illegal	illegal, verboten
aviation	Luftfahrt, Fliegerei
wire	Draht; verdrahten
arbitration	Schlichtung
provision	Provision, Vorkehrung, Bereitstellung
just as	ebenso wie, genauso wie
minimum *PL* minima oder minimums	Minimum; Mindest-, geringste
in the north	im Norden
vast	ausgedehnt, gewaltig, riesig
crystal	Kristall
cartoon	Cartoon, Zeichentrickfilm, Karikatur

suspect	verdächtig, suspekt; Verdächtige(r); vermuten
hunt	Jagd; jagen
descendant	Nachkomme, Nachkommin, Abkömmling
tip *PS* tipped *PP* tipped *VF* tipping	Tipp, Hinweis, Spitze, Trinkgeld, Müllkippe *BE*; (um)kippen, Schutt abladen, Trinkgeld geben
nevertheless	nichtsdestoweniger, dennoch, trotzdem
apple	Apfel

Vokabeln 2701 bis 2800

throne	Thron
athlete	Athlet(in)
depth	Tiefe
ideal	Ideal; ideal
restriction	Beschränkung, Einschränkung
electrical	elektrisch
since then	seitdem, seit damals
animate	belebt, lebend; beleben, animieren
equip *PS* equipped *PP* equipped *VF* equipping	ausrüsten, ausstatten
involvement	Verwicklung, Beteiligung
electoral	Wahl-
depression	Depression, Niedergeschlagenheit, Tief(druckgebiet) [Wetter], Wirtschaftskrise
phenomenon *PL* phenomena oder phenomenons	Phänomen, Erscheinung
drawing	Zeichnung, Ziehung
usual	gewöhnlich, üblich
evolution	Evolution, Entwicklung
rocket	Rakete; hochschießen
head coach	Cheftrainer, Chefcoach
all over	überall (in), alles vorbei
rice	Reis
football team	Fußballmannschaft
concentration	Konzentration, Ansammlung
shield	abschirmen; Schutzschild
relief	Erleichterung, (angenehme) Abwechslung, Wohltat, Entlastung [auch z. B. steuerliche], Unterstützung, Sozialhilfe *AE*, Relief
turning	Drehung, Abbiegung; (um)drehend
mainstream	Mainstream, Hauptströmung
disappear	verschwinden
trading	Handel; handelnd, Handels-
Friday	Freitag
scholarship	Stipendium
ownership	Besitz(erschaft), Eigentümerschaft

noble	adlig, edel, vornehm
pain	Schmerz; schmerzen
trap *PS* trapped *PP* trapped *VF* trapping	Falle; einfangen
asset	Vermögen(swert), Vorteil
stable	stabil; Stall
rebel *PS* rebelled *PP* rebelled *VF* rebelling	Rebell; rebellieren
destruction	Vernichtung, Zerstörung
rock band	Rockband
manuscript	Manuskript
surrender	Kapitulation, Übergabe; [Waffen] ausliefern, sich ergeben, kapitulieren
appointment	Verabredung, Termin, Ernennung, Berufung
oak	Eiche
ratio	Verhältnis [Mathematik]
ruin	Ruin, Ruine; ruinieren, verderben, vernichten
listen	hören, zuhören, lauschen
jet *PS* jetted *PP* jetted *VF* jetting	Jet, Düsenflugzeug, Strahl; jetten
cinema *BE*	Kino
in question	fraglich
strategic	strategisch
storage	Lager(ung), Speicher(ung)
seal	Siegel, Robbe; versiegeln, zukleben
Vienna	Wien
except for	bis auf, mit Ausnahme von
accurate	akkurat, genau
retrieve	[Information] abrufen, wiederfinden
alleged	angeblich
Brazilian	Brasilianer(in); brasilianisch
friendly *KO* friendlier *SU* friendliest	freundlich, freundschaftlich; Freundschaftsspiel *BE*
grave	Grab; ernst(haft), gravierend
Portugal	Portugal
alive	lebend(ig)
comparison	Vergleich
ambassador	Botschafter(in)
diamond	Diamant
artistic	künstlerisch, artistisch
qualified	geeignet, qualifiziert
complaint	Klage, Beschwerde, Leiden
pound	Pfund; hämmern
stem *PS* stemmed *PP* stemmed *VF* stemming	Stamm, Stiel; eindämmen, zurückhalten
legislation	Gesetzgebung
signature	Signatur, Unterschrift

mirror	Spiegel; (wider)spiegeln
next to	neben
verse	Strophe, Vers
admiral	Admiral
Finland	Finnland
practical	praktisch
metro	Metro, U-Bahn
dialect	Dialekt
pure	rein, pur
spin *PS* spun *PP* spun *VF* spinning	Drall, Drehung, Spin; Drehung,; Drall; (sich) drehen, herumwirbeln, spinnen
export	Export, Ausfuhr; ausführen, exportieren
jurisdiction	Rechtsprechung, Gerichtsbarkeit
beauty	Schönheit
workshop	Werkstatt, Workshop
shooting	Schießen, [Film] Drehen, Shooting
retreat	Rückzug; (sich) zurückziehen, zurückweichen
alien	Fremde(r), Ausländer(in), Alien; fremd, ausländisch, außerirdisch
interpret	interpretieren, dolmetschen
judgment [auch: judgement]	Urteil, richterliche Entscheidung, Beurteilung
dimension	Dimension, Abmessung, Ausmaß
furthermore	des Weiteren, weiterhin, ferner, außerdem
dynamic	dynamisch
sugar	Zucker; zuckern
dangerous	gefährlich
identical	identisch
sand	Sand; (glatt) schmirgeln
manual	Handbuch, Manual; von Hand, manuell
voter	Wähler(in)

Vokabeln 2801 bis 2900

childhood	Kindheit
liberty	Freiheit
justify	rechtfertigen
Hungary	Ungarn
exile	Exil; ins Exil schicken, verbannen
self *PL* selves	[das] Selbst, [das] Ich
percentage	Prozent(satz)
comprehensive	umfassend
tear *PS* tore *PP* torn	Träne, Riss; (zer)reißen
integrated	integriert
Islam	Islam
school district	Schulbezirk

rating	Rating, Bewertung
focus on	die Aufmerksamkeit richten auf
creature	Geschöpf, Kreatur, Lebewesen
résumé	Resümee, Zusammenfassung
resume	fortsetzen, wieder aufnehmen
craft	Handwerk; (kunstvoll) fertigen, handwerklich herstellen
yourself	dich (selbst), (du/dir/Sie) selbst
abbey	Abtei, Kloster
wolf *PL* wolves	Wolf
regardless (of)	ohne Rücksicht (auf), ungeachtet (von)
experimental	experimentell, experimental
discipline	Disziplin, Fachgebiet; disziplinieren, maßregeln
performer	Darsteller(in)
Arabic	arabisch; Arabisch
commentary	Kommentar
elder	älter, ältere; Ältere(r)
willing	bereitwillig, gewillt, willens
activist	Aktivist(in)
regime	Regime
empty *KO* emptier *SU* emptiest	leer; (aus)leeren
attitude	[innere] Einstellung, Gesinnung
Afghanistan	Afghanistan
eleven	elf; Elf
conservation	Konservierung, Erhaltung, Bewahrung
interface	Interface, Schnittstelle
ton	Tonne, Tonne *AE*[907,17kg], eine große Menge
running	Laufen, Betreiben; laufend, läuft (z. B. Motor)
queue	Warteschlange
same	gleich, dasselbe
written	geschrieben, schriftlich
TV	TV, Fernsehen, Fernseher
bean	Bohne, Hülsenfrucht
pronounced	ausgesprochen, betont
IT	IT (Abkürzung für Informationstechnologie)
any more	nicht mehr
amusing	amüsant, lustig
educated	gebildet, gut ausgebildet
teens	Teenager, Jugendliche
spoken	gesprochen, mündlich
surprised	überrascht, erstaunt
defence	Verteidigung
specialized	spezialisiert, fachlich
used	gebraucht, benutzt, gewohnt, verwendet
mixed	gemischt, unterschiedlich
means	Mittel, Bedeutung

parent	Elternteil
recent	kürzlich, aktuell
organized	organisiert, geordnet
subsequently	anschließend, später
warming	Erwärmung, Aufwärmen; erwärmend, aufwärmend
parish	Gemeinde, Pfarrgemeinde
lot	Menge, Los
petrol	Benzin
naval	marine-, See-
quickly	schnell, rasch
typically	normalerweise, üblicherweise
internet	Internet
communist	kommunistisch, Kommunist/in
gambling	Glücksspiel, Wetten; spielend
prepared	vorbereitet, bereit
depend	abhängen, abhängig sein
dressed	angezogen, gekleidet
newly	neu, frisch
vice	Laster, Unsitte
all right	in Ordnung
shocking	schockierend, erschütternd
astonishing	erstaunlich, verblüffend
located	gelegen, befindlich
singing	Singen, Gesang; singend
closed	geschlossen, abgeschlossen
successfully	erfolgreich
delighted	erfreut, begeistert
repeated	wiederholt
regularly	regelmäßig, regelmäßig
covered	bedeckt, abgedeckt
included	eingeschlossen, enthalten
leading	führend, leitend
limited	begrenzt, eingeschränkt
convinced	überzeugt, sicher
advanced	fortgeschritten, weiterentwickelt
significantly	signifikant, bedeutend
associated	verbunden, assoziiert
info	Info (Abkürzung für Information), Information
bush	Busch, Strauch
lost	verloren, vermisst
strongly	stark, energisch
traveller *BE*, traveler *AE*	Reisende(r)
troubled	besorgt, beunruhigt

Vokabeln 2901 bis 3000

neighbouring	benachbart, angrenzend
married	verheiratet, Ehe-
deploy	einsetzen, bereitstellen
rely	verlassen, sich verlassen auf
armed	bewaffnet
effectively	effektiv, wirkungsvoll
shaped	geformt, gestaltet
similarly	ähnlich, ebenso
stick *PS* stuck *PP* stuck	Stock; kleben
amazed	erstaunt, verblüfft
globe	Globus, Weltkugel
rapidly	schnell, rasch
pub *BE*	Kneipe, Pub
rob *PS* robbed *PP* robbed *VF* robbing	ausrauben, berauben
enrol *PS* enrolled *PP* enrolled *VF* enrolling	einschreiben, registrieren
grace	Anmut, Grazie
sporting	sportlich
confused	verwirrt, durcheinander
failed	gescheitert, misslungen
euro	Euro, europäische Währung
trousers	Hose
angrily	wütend, zornig
rarely	selten, kaum
congressional	kongressbezogen, parlamentarisch
exclusively	ausschließlich, nur
palm	Palme, Handfläche
involved	beteiligt, involviert
personally	persönlich, selbst
slowly	langsam, gemächlich
properly	ordnungsgemäß, richtig
hello	hallo
enquiry	Anfrage, Untersuchung
seriously	ernsthaft, ernst
civic	städtisch, bürgerlich
suddenly	plötzlich, unerwartet
temporarily	vorübergehend, temporär
relaxing	entspannend, erholsam
reasoning	Argumentation, Schlussfolgerung; überlegend
engaging	ansprechend, fesselnd
ID	ID (Abkürzung für Identifikation, Ausweis)
rookie *AE*	Anfänger(in), Neuling, Rookie
clinic	Klinik, Praxis
compelling	überzeugend, fesselnd

tactic	Taktik, Strategie
marathon	Marathon, Langstreckenlauf
excellence	Exzellenz, hervorragende Qualität
smart	klug, intelligent, schick
app	App (Abkürzung für Software Anwendung)
tribal	stammes-, tribial
dish	Gericht, Speise, Schüssel, Teller
severely	schwer, ernsthaft
casino	Casino, Spielbank
cottage	Ferienhaus, Landhaus
predominantly	überwiegend, vorwiegend
obviously	offensichtlich, klarerweise
brave	mutig, tapfer
jam *PS* jammed *PP* jammed *VF* jamming	Marmelade, Stau (Autos); blockieren, verkeilen
ranking	Rangliste, Platzierung
purple	lila, violett
tide	Gezeiten, Ebbe und Flut
bound	gebunden, verpflichtet, grenzenlos
badly	schlecht, dringend
skull	Schädel, Totenkopf
totally	vollständig, gänzlich
challenging	anspruchsvoll, herausfordernd
terms	Bedingungen, Konditionen
economist	Ökonom(in), Wirtschaftswissenschaftler(in)
disappoint	enttäuschen, enttäuschend sein
instrumental	instrumental, instrumentell
offence *BE*, **offense** *AE*	Vergehen, Verstoß
aren't	Abk. für: are not
Egyptian	Ägypter(in); ägyptisch
cavalry	Kavallerie, Reiterei
as it is	wie es ist, wie es aussieht, nach Lage der Dinge, wie die Dinge liegen
removal	Entfernung, Beseitigung, Entnahme, Abtrennen
examine	prüfen, untersuchen
import	Import, Einfuhr; importieren, einführen
immediate	sofort, unverzüglich, unmittelbar
belt	Gürtel, Gurt, Riemen
acknowledge	bestätigen, anerkennen
drummer	Schlagzeuger(in), Trommler(in)
ferry	Fähre
ghost	Geist, Gespenst
holder	Halter(in), Inhaber(in)
lay *PS* laid *PP* laid	(aus)legen, stellen, setzten
anchor	Anker; ankern, verankern

prayer	Gebet
celebration	Feier, Fest
summit	Gipfel, Gipfeltreffen, Höhepunkt
insert	einfügen, einsetzen
surgery	Chirurgie
capability	Leistungsfähigkeit, Befähigung
pointed	spitz, zugespitzt, pointiert, gezeigt
the United Nations	die Vereinigten Nationen
suitable	geeignet, passend
sculpture	Skulptur
completion	Fertigstellung, Vollendung, Vervollständigung
Hindu	Hindu; hinduistisch
hidden	verborgen, versteckt
enzyme	Enzym, Ferment

Vokabeln 3001 bis 3100

north-western *BE*, **northwestern** *AE*	nordwestlich
literally	buchstäblich, wortwörtlich, wörtlich
disaster	Desaster, Katastrophe
attached to	verbunden mit, zugeneigt
thread	Faden, Thread; (ein)fädeln
photographer	Fotograf(in)
in the following	im Folgenden
precise	präzise, (sehr) genau
tube	Rohr, Schlauch, Tube, Röhre, U-Bahn *BE*
bite *PS* bit *PP* bitten/bit	Biss, Bissen; beißen
reasonable	angemessen, vernünftig
essential	wesentlich, essentiell; Wesentliche, Hauptsache
constitutional	verfassungsmäßig, konstitutionell
monk	Mönch
consistently	konsequent, stetig
north-eastern *BE*, **northeastern** *AE*	nordöstlich
fixture	Befestigung
naturally	natürlich, von Natur aus
House of Representatives	Repräsentantenhaus
dictionary	Wörterbuch
gradually	allmählich
Ottoman	Osmanin, Osmane; osmanisch
attraction	Attraktion, Anziehungskraft
defender	Verteidiger(in)
pupil	Schüler(in), Pupille
wooden	aus Holz, hölzern
aside	beiseite, zur Seite
march in	einmarschieren

undertake *PS* undertook *PP* undertaken	unternehmen, durchführen
landmark	Wahrzeichen, Meilenstein
exit	Ausgang, Ausfahrt; herausgehen, beenden
on the other hand	andererseits
southwestern	südwestlich
forge	fälschen, schmieden
destination	Bestimmungsort, Reiseziel
settler	Siedler(in)
worship *PS* worshiped *AE*/worshipped *PP* worshiped *AE*/worshipped *VF* worshipping	verehren; Verehrung
width	Breite, Weite
bid *PS* bid *PP* bid *VF* bidding	Gebot [bei Versteigerungen], Angebot [z. B. bei Ausschreibungen], Geld [Nachfrage an der Börse]; bieten
substitute	Ersatz, Vertretung; ersetzen, substituieren
gear	Gang [beim Fahrzeug], Zahnrad, Ausrüstung
viewer	Betrachter(in), Zuschauer(in)
carbon	Kohlenstoff
fresh	frisch
transit	Durchgangsverkehr, Transit; Transit-
amendment	Verbesserung
soft	weich
ski	Ski; Ski laufen
Hebrew	Hebräer(in), Hebräisch; hebräisch
impose	auferlegen, aufdrängen, aufzwingen
merit	Vorzug, Verdienst [im bildlichen Sinne]; wert sein
Austrian	Österreicher(in); österreichisch
intellectual	intellektuell; Intellektuelle(r)
paragraph	Absatz, Paragraph; (in Abschnitte auf)gliedern
cash	Bargeld, Barzahlung; bar; einlösen [z. B. Scheck]
historically	historisch, geschichtlich
considering	in Anbetracht
buck	Hirsch, Dollar *AE*
radical	radikal; Radikal(e,er)
loop	Schleife, Schlaufe, Schlinge; (sich) schlingen
participation	Teilnahme, Mitwirkung
Tamil	Tamilin, Tamile, Tamilisch; tamilisch
moral	Moral; moralisch
bright	hell, leuchtend, klug, aufgeweckt
partly	teilweise
widespread	weitverbreitet
apart from	ausgenommen; abgesehen von
insist	[auf etwas] bestehen, beharren
physician	Ärztin, Arzt, Mediziner(in)

click	Klick; (an)klicken
donate	spenden, stiften
swimming	Schwimmen; schwimmend
invent	erfinden
national park	Nationalpark
annually	jährlich
erect	aufrecht, aufgerichtet; aufrichten, errichten
restoration	Restaurierung, Wiederherstellung
classification	Klassifizierung, Klassifikation, Eingruppierung
yield	hervorbringen, ergeben [zum/als Ergebnis haben]; Ertrag, Gewinn
matrix PL matrices oder matrixes	Matrix
Jordan	Jordan, Jordanien
Malaysia	Malaysia
familiar	familiär, vertraut
basin	Waschbecken, Talkessel
mechanical	mechanisch
interstate	zwischenstaatlich; Autobahn AE[zwischen Bundesstaaten]
conversion	Umwandlung, Umrechnung, Konversion
precede	vorangehen, vorausgehen, voranschreiten
dealing	Handel; handelnd
Swiss	Schweizer(in); schweizer(isch)
disorder	Unordnung, Durcheinander, Aufruhr, Funktionsstörung; in Unordnung bringen, durcheinanderbringen
profit	Profit, Gewinn, Nutzen; profitieren, nützen
archbishop	Erzbischof
missionary	Missionar(in)
accusation	Anklage, Beschuldigung
wake PS woke/waked AE PP woken/waked AE	aufwachen, aufwecken
carbon dioxide	Kohlendioxid
film festival	Filmfestival
necessarily	notwendigerweise, unbedingt
advise	beraten, (an)raten, empfehlen
Norman	Normanne, Normannin; normannisch

Vokabeln 3101 bis 3200

pirate	Pirat(in)
virgin	Jungfrau; unberührt
toy	Spielzeug
gap	Spalt, Lücke, Zwischenraum
garage	Garage, Werkstatt
continuous	kontinuierlich, ununterbrochen, stetig
preparation	Vorbereitung, Zubereitung, Aufbereitung, Präparat(ion)

utilize [auch: utilise *BE*]	nutzen, benutzen
absence	Abwesenheit, Fehlen
grammar	Grammatik
science fiction	Science-Fiction
nationalist	Nationalist(in); nationalistisch
rabbi	Rabbi(ner)
sole	alleinig, ausschließlich; Sohle, Seezunge; besohlen
celebrity	Berühmtheit
Christianity	Christentum
sweet	süß; Süßigkeit, Liebling, Nachtisch *BE*
acclaim	Akklamation, Beifall; Beifall spenden, akklamieren
dismiss	abweisen, ablehnen, zurückweisen, entlassen
clock	Uhr
repeat	wiederholen; Wiederholung
accomplish	schaffen, erreichen, vollbringen
desk	einsetzen [z. B. Arbeitskräfte, Truppen]
devoted	anhänglich, treu, gewidmet
chemistry	Chemie
statistical	statistisch
transition	Übergang
telephone	Telefon; [per Telefon] anrufen
concrete	konkret, betoniert, Beton-; Beton; betonieren
a couple of	ein paar, einige
payment	Zahlung, Bezahlung
orbit	Orbit, Umlaufbahn; umkreisen
implementation	Realisierung, Durchführung, Umsetzung, Implementierung
outer	äußere
greenhouse	Treibhaus
public domain	lizenzfrei; Gemeingut
ruling	Entscheidung; herrschend
Great Britain	Großbritannien
thereafter	danach
pronounce	aussprechen
examination	Examen, Prüfung, Untersuchung
anonymous	anonym
protocol	Protokoll
debt	Schulden, Verbindlichkeit, Verpflichtung
endemic	beheimatet, endemisch
devil *PS* deviled *AE*/devilled *BE* *PP* deviled *AE*/devilled *BE* *VF* devilling	Teufel; reizen
danger	Gefahr
scan *PS* scanned *PP* scanned *VF* scanning	(ein)scannen, abtasten; Scan

mystery	Geheimnis
homeland	Heimat, Heimatland
video game	Videospiel
chess	Schach
logic	Logik
hearing	Gehör, Hearing, Anhörung
Taiwan	Taiwan
non-profit *BE*, **nonprofit** *AE*	gemeinnützig
democracy	Demokratie
in time	rechtzeitig
employment	Anstellung, Beschäftigung, Einsatz [Anwendung]
retail	Einzelhandel; (im Einzelhandel) verkaufen
at the beginning	am Anfang
expensive	kostspielig, teuer
editorial	redaktionell; Leitartikel
Finnish	Finnisch; finnisch, finnländisch
specialist	Spezialist(in)
eighth	achte; Achtel
lacking	fehlend, mangelnd
vector	Vektor
correctly	korrekt, richtig
perceive	wahrnehmen
valuable	wertvoll
pipe	Rohr, Pfeife; pfeifen
joke	Witz, Scherz; scherzen
descent	Abstammung, Abstieg
keyboard	Tastatur, Keyboard
prefecture	Präfektur
punk	Punk, Punker(in)
deposit	Guthaben, Anzahlung, Kaution, Depot, Ablagerung; hinlegen, hinstellen, deponieren, ablagern
commerce	Handel
bull	Bulle, Stier
fun	Spaß
bonus	Bonus, Prämie
remark	Bemerkung, Anmerkung; anmerken, eine Bemerkung machen
administer	verwalten, verabreichen [Medikament]
feeling	Gefühl, Empfindung; fühlend, empfindend
convict	Verurteilter, Sträfling; verurteilen
cargo *PL* cargoes oder cargos	Ladung, Fracht, Cargo
tribunal	Gericht, Schiedsgericht
delegate	Delegierte(r); delegieren
vertical	senkrecht, vertikal; Senkrechte, Vertikale
thorough	gründlich, sorgfältig

gospel	Evangelium, Gospel
North American	Nordamerikaner(in); nordamerikanisch
ongoing	andauernd, (fort)laufend
corresponding	entsprechend, korrespondierend
lodge	Häuschen, Hütte, Loge
doctrine	Doktrin, Lehre
algorithm	Algorithmus
departure	Abfahrt, Abreise
remainder	Rest
buffalo *PL* buffaloes, buffalos oder buffalo	Büffel

Vokabeln 3201 bis 3300

intersection	Schnittpunkt, Schnittmenge, [große] Kreuzung
thin *PS* thinned *PP* thinned *VF* thinning *KO* thinner *SU* thinnest	dünn; verdünnen
Catholic Church	katholische Kirche
meat	Fleisch
taste	Geschmack; probieren, schmecken
substance	Stoff, Substanz
stamp	Briefmarke, Wertmarke, Stempel; frankieren, stempeln, stampfen
merger	Fusion, Zusammenschluss, Verschmelzung
slope	Neigung, Gefälle, Schräge, Steigung; (sich) neigen
closure	Schließung, Verschluss, Abschluss
predecessor	Vorgänger(in)
flash	Aufflammen, Blitz; aufblitzen
ordinary	gewöhnlich
to be done	fertig sein
walking	Gehen, Spazierengehen; gehend
line-up *BE*, **lineup** *AE*	Aufreihung, Mannschaftsaufstellung
wealthy *KO* wealthier *SU* wealthiest	reich, wohlhabend
brick	Ziegel(stein)
indigenous	einheimisch, heimisch, eingeboren
calendar	Kalender
beer	Bier
escort	Begleitung, Eskorte; begleiten
canal	Kanal
tributary	tributpflichtig, abhängig; Nebenfluss
diverse	verschiedenartig, vielfältig
operational	operativ, betriebsbereit, einsatzbereit
revival	Revival, Wiederbelebung
choir	Chor
greenhouse effect	Treibhauseffekt
knock	klopfen; Klopfen

helicopter	Hubschrauber, Helikopter
honorary	ehrenamtlich, ehrenhalber, Ehren-
atmosphere	Atmosphäre, Stimmung
siege	Belagerung
pump	Pumpe; pumpen
boss	Boss, Chef(in), Vorgesetzte(r)
compile	zusammenstellen [z. B. eine Liste], kompilieren
recipient	Empfänger(in)
inherit	erben
dramatic	dramatisch
isle	Eiland, [kleine] Insel
congregation	Kirchengemeinde, Kongregation
calculate	(be)rechnen, kalkulieren
Armenian	armenisch; Armenier(in), Armenisch
basically	grundsätzlich, grundlegend, im Grunde (genommen)
suspend	suspendieren, [Verfahren] aussetzen
subsidiary	Tochtergesellschaft; untergeordnet
plastic	Kunststoff, Plastik
remote	entfernt, fern
rebellion	Aufstand, Rebellion
electricity	Elektrizität
conversation	Gespräch, Unterhaltung, Konversation
poster	Plakat, Poster
relocate	verlegen, verlagern, umsiedeln
trend	Tendenz, Trend; tendieren
conventional	konventionell, herkömmlich
spider	Spinne
horror	Horror, Schrecken, Entsetzen
haven't	Abk. für: have not
consideration	Erwägung, Überlegung, Berücksichtigung, Rücksicht(nahme)
stake	Beteiligung [Anteil], Pfahl, Stange, Scheiterhaufen, Spieleinsatz
robot	Roboter
wedding	Hochzeit
fundamental	fundamental, grundlegend, grundsätzlich
worst	schlimmste, schlechteste
suffering	leidend; Leiden, Leid
horn	Horn [Schiff, Tier], Hupe
liquid	Flüssigkeit; flüssig
triple	dreifach; verdreifachen
rally	Rallye, Kundgebung
compromise	Kompromiss; Kompromiss eingehen, kompromittieren
abroad	im/ins Ausland
emphasis *PL* emphases	Betonung

writings	Schriften [Werke, Schriftstücke]
automatic	automatisch
button	Knopf, Taste; (zu)knöpfen
fortune	Glücksfall, (glücklicher) Zufall, Schicksal, Vermögen
sacred	heilig, sakral
acceptable	akzeptabel, annehmbar
so-called	sogenannt, angeblich
alumnus *PL* alumni	Absolvent
neck	Genick, Nacken, Hals
signing	Unterzeichnung, Signierung
approval	Zustimmung, Genehmigung
virtual	virtuell
presentation	Präsentation, Vorführung
martial	kriegerisch, Kriegs-
enforcement	Durchsetzung, Erzwingung
detect	entdecken, feststellen, detektieren
infrastructure	Infrastruktur
psychology	Psychologie
take part	teilnehmen, mitwirken
one day	eines Tages; eintägig
destroyer	Zerstörer
cult	Kult, Sekte
ultimate	endgültig, äußerste
later on	später, nachträglich
Cuba	Kuba
lover	Liebhaber(in), Geliebte(r)
filter	Filter; filtern, filtrieren
animation	Animation

Vokabeln 3301 bis 3400

serial	seriell, fortlaufend, Serien-; Sendereihe
scope	Umfang, Anwendungsbereich
affiliated	zugehörig, angegliedert
partially	teilweise, zum Teil
extensively	ausgiebig, beträchtlich
most common	häufigste, am gebräuchlichsten
alcohol	Alkohol
outcome	Ergebnis
wildlife	Wildlife, Wilde Natur, natürliche Tier- und Pflanzenwelt
Athens	Athen
mouse *PL* mice	Maus
distinguish	unterscheiden, auszeichnen
noise	Geräusch, (störendes) Rauschen, Lärm
bomber	Bomber

geographic(cal)	geografisch
hull	Hülle, Schale, Schiffsrumpf; schälen
unsuccessful	erfolglos
not yet	noch nicht
renowned	berühmt, renommiert
curve	Kurve; biegen
vice-presiden *BE*, **vice president** *AE*	Vizepräsident
moth	Motte, Falter
deck	Deck, Verdeck
Northern Ireland	Nordirland
fold	Falte [in Papier oder Stoff]; (zusammen)falten, einhüllen, [Arme] kreuzen
virus *PL* viruses	Virus
quantity	Menge, Quantität
companion	Begleiter(in), Geschäftspartner(in), Lebenspartner(in), Partner(in), Genosse, Handbuch
overseas	in/nach Übersee, Übersee-
tourism	Fremdenverkehr, Tourismus
execution	Hinrichtung, Exekution, Durchführung, Ausführung
cloud	Wolke; trüben, bewölken
hardware	Hardware; Hardware-
hell	Hölle
unlikely	unwahrscheinlich
over the years	im Laufe der Jahre
commence	beginnen
servant	Diener(in)
descend	hinuntersteigen, (hinunter)sinken, hinuntergehen, abfallen, (sich) senken, abstammen
spending	ausgebend, verbringend; Ausgabe
blind	blind; erblinden, blenden; Rollo
dancer	Tänzer(in)
Indonesia	Indonesien
survivor	Überlebende(r)
businessman	Geschäftsmann, Unternehmer
verify	nachweisen, verifizieren
Romanian	Rumänin, Rumäne, Rumänisch; rumänisch
undeletion	Wiederherstellung [von gelöschten Dateien]
as long as	sofern, solange (wie)
guilty *KO* guiltier *SU* guiltiest	schuldig
hate	Hass; hassen
collaborate	zusammenarbeiten, kollaborieren
lab [coll: kurz für laboratory]	Labor(atorium)
birthday	Geburtstag
measurement	Messwert, Messung
competitive	konkurrenzfähig, wettbewerbsfähig, Wettbewerbs-

muscle	Muskel
Mediterranean	Mittelmeer; Mittelmeer-, mediterran
absorb	absorbieren, aufsaugen
ensemble	Ensemble [Gesamtheit]
pink	rosa(farben); Rosa; klopfen [Motor]
several times	mehrfach, mehrmals
architectural	architektonisch
reduction	Reduktion, Reduzierung, Verringerung, Verkleinerung
observer	Beobachter(in)
gentleman	Herr, Gentleman
elite	Elite
tribute	Abgabe, Tribut, Ehrung, Huldigung
by the end of	bis (spätestens) zum Ende
delivery	Lieferung, Auslieferung, Zustellung
Baptist	Baptist(in); baptistisch; Babtisten-
biological	biologisch
couldn't	Abk. für: could not
carefully	vorsichtig, sorgfältig
pole	Pol, Mast, Pfahl
installation	Installation, Einbau
sustain	aufrechterhalten, aushalten
at home	zu Hause
trick	Trick; überlisten
contestant	Kandidat(in), Wettkämpfer(in)
catalogue *BE*, catalog *AE*	Katalog; katalogisieren
asteroid	Asteroid
locally	örtlich, lokal
designation	Bezeichnung, Ernennung
in the case of	im Falle von, falls
Caribbean	Karibik; karibisch
electron	Elektron
endorse	befürworten, bestätigen, indossieren [z. B. Scheck unterschreiben]
ill *KO* worse *SU* worst	krank; schlecht; Böses, Übel, Missstand
restricted	eingeschränkt, begrenzt
prohibit	untersagen, verbieten
prompt	prompt, unverzüglich; pünktlich; Eingabeaufforderung [Computer]; veranlassen
clothing	Kleidung, Bekleidung
diameter	Durchmesser
somewhere	irgendwo, irgendwohin
mathematical	mathematisch
allegation	Unterstellung
competitor	Mitbewerber(in), Konkurrent(in), Wettbewerber(in)
Monday	Montag

legendary   legendär, sagenhaft

Vokabeln 3401 bis 3500

milk   Milch; melken
monthly   monatlich; Monatszeitschrift
trustee   Verwalter(in), Treuhänder(in)
counter   Zähler, Theke, Ladentisch, Schalter [Bank]; entgegen-
                                       wirken, entgegnen, kontern; entgegen
revise   revidieren, überarbeiten
in use   im Gebrauch, in Betrieb
dub *PS* dubbed *PP* dubbed   Dub [Musikrichtung]; [Film] synchronisieren
VF dubbing
kiss   Kuss; küssen
cow   Kuh, Rind
good faith   guter Glaube, Treu und Glauben
non   nicht-, Nicht-
virtually   nahezu, so gut wie
illustration   Illustration, Veranschaulichung
sacrifice   Opfer; opfern
terrorist   Terrorist(in)
adaptation   Anpassung, Adaption
bend *PS* bent *PP* bent   Biegung, Krümmung, Kurve; (ver)biegen, krümmen
complain   (sich) beschweren, (sich) (be)klagen
heir   Erbe, Erbin
too much   zu viel, zu sehr
football player   Fußballspieler(in)
assumption   Annahme, Vermutung, Voraussetzung
anywhere   irgendwo, irgendwohin
illness   Krankheit, Erkrankung
Belgian   Belgier(in); belgisch
lease   Leasing, Mietvertrag, Pacht(vertrag); leasen,
                                       (ver)mieten, (ver)pachten
cluster   Cluster, Anhäufung; gruppieren, anhäufen
negotiation   Verhandlung, Aushandeln [z. B. einen Vertrag], Übertra-
                                       gung [z. B. eines Wertes]
significance   Signifikanz, Bedeutsamkeit
sequel   Fortsetzung, Folge
violent   gewaltsam, gewalttätig
provider   Versorger(in), Provider, Anbieter(in)
tackle   bewältigen, in Angriff nehmen; Ausrüstung, Takelage
parade   Parade; vorbeimarschieren
clinical   klinisch
demon   Dämon(in)
grandfather   Großvater, Opa
theology   Theologie

as if	als ob
exposure	Ausgesetztsein [z. B. einer Strahlung], Belichtung, Exposition, Entlarvung
molecule	Molekül
glacier	Gletscher
quantum *PL* quanta	Quant(um); Quanten-
certify	zertifizieren, bescheinigen, beurkunden
altitude	Höhe
Serbian	Serbin, Serbe, Serbisch; serbisch
thirty	dreißig
confusion	Durcheinander, Verwirrung, Konfusion
cooperation	Zusammenarbeit, Kooperation
shouldn't	Abk. für: should not
seize	ergreifen, beschlagnahmen, gefangen nehmen
graphics	Grafik [Kunstrichtung], Grafiken
vocalist	Sänger(in)
philosopher	Philosoph(in)
dominant	dominant, dominierend, vorherrschend
distinctive	unverwechselbar, unverkennbar
in recent years	in den letzten Jahren
dancing	Tanzen; Tanz-, tanzend
Second World War	Zweiter Weltkrieg
forth	heraus, hervor, voran
disturb	stören, belästigen
sharp	scharf, spitz; Kreuz [Musik]
finger	Finger; betasten
reward	Belohnung; belohnen
flame	Flamme; lodern
tooth *PL* teeth	Zahn
cancel *PS* canceled *AE*/cancelled *PP* canceled *AE*/cancelled *VF* cancelling	(sich) aufheben, (aus)streichen, annullieren, stornieren, absagen [z. B. Termin]
linear	linear, geradlinig
massacre	Massaker, Blutbad; massakrieren, niedermetzeln
follower	Anhänger(in), Mitläufer(in)
colleague	Kollegin, Kollege, Arbeitskollegin, Arbeitskollege, Mitarbeiter(in)
axis *PL* axes	Achse
ninth	neunte; Neuntel
exceed	übersteigen, übertreffen
coffee	Kaffee
archeological	archäologisch
blame	Schuld, Tadel; beschuldigen, Vorwürfe machen
jail	Gefängnis; ins Gefängnis bringen
imagine	sich vorstellen, sich einbilden

cruise	Kreuzfahrt; eine Kreuzfahrt machen
blank	leer [Papier, Wand], unbeschrieben, unbedruckt; Leerzeichen, leere Stelle, Blackout
pit *PS* pitted *PP* pitted *VF* pitting	Grube, Kern *AE*[Früchte, Obst]; entkernen
theorem	Lehrsatz, Theorem
beam	Strahl, Balken; (aus)strahlen, beamen
duo *PL* duos oder dui	Duo, Duett
armour *BE*, **armor** *AE*	Rüstung, Panzerung
villa	Landhaus
accessible	erreichbar, zugänglich
denote	bezeichnen
invade	einfallen, einfallen in, eindringen in
as opposed to	im Gegensatz zu
Ukrainian	ukrainisch; Ukrainer(in), Ukrainisch
pitcher	Krug *AE*, Tonkrug *BE*, Werfer [beim Baseball]
bold	mutig, fett [Schrift]; Fettdruck
trinity	Dreieinigkeit
demolish	demolieren, zerstören, abreißen [Haus]
tomb	Grab, Gruft
Victorian	viktorianisch; Viktorianer(in)
ballet	Ballett
fifteen	fünfzehn

Vokabeln 3501 bis 3600

come from	entstammen, stammen von, kommen von
helpful	hilfreich, hilfsbereit, behilflich
tonne	Tonne
saving	Ersparnis, Sparen
faction	Splitterpartei, Fraktion, Interessengruppe
romantic	romantisch; Romantiker(in)
outline	Kontur, Entwurf, Umriss, Skizze; entwerfen, skizzieren, umreißen
friendship	Freundschaft
framework	Rahmen, Rahmenordnung, Gerüst
sanction	Sanktion, Billigung; sanktionieren, billigen
wealth	Reichtum, Wohlstand
consult	konsultieren, um Rat fragen
therapy	Therapie, Behandlung
confront	gegenüberstellen, konfrontieren, entgegentreten
chip *PS* chipped *PP* chipped *VF* chipping	Chip; abbrechen, wegschlagen
mineral	Mineral; mineralisch, Mineral-
prototype	Prototyp
spelling	Schreibweise, Rechtschreibung, Buchstabieren
genetic	genetisch

advisory	beratend
inhabit	bewohnen
sweep *PS* swept *PP* swept	fegen, kehren; Fegen, schwungvolle Bewegung
thick	dick, dickflüssig
refugee	Flüchtling
reservoir	Reservoir, Vorratsbehälter
post office	Postamt
truly	wahrhaft, wirklich
heaven	Himmel
succession	Nachfolge, Folge, Erbfolge
sheet	Blatt [Papier], [dünne] Platte, Laken, Betttuch
conductor	Dirigent(in), Leiter(in), Leiter [Elektrizität, Wärme], Schaffner(in)
oversee *PS* oversaw *PP* overseen	beaufsichtigen, überwachen
gauge	Eichmaß, Maß(stab), Messgerät; (ab)messen, eichen, justieren, (ab)schätzen, beurteilen; Eich-
magnetic	magnetisch
bug *PS* bugged *PP* bugged *VF* bugging	Bazillus, Wanze [zum Abhören], Käfer *AE*, Bug [Computerfehler]; [[7-2, nerven, verwanzen
jewellery	Schmuck
odd	ungerade [Zahl], seltsam
photography	Fotografie
radar	Radar
Protestant	Protestant(in); evangelisch, protestantisch
mask	Maske; maskieren, verbergen, verdecken
local government	Kommunalverwaltung, Gemeindeverwaltung
assuming	angenommen
weigh	wiegen, abwägen
pose	Haltung, Pose; posieren, [Thema] aufwerfen, [Frage] stellen
qualification	Qualifikation, Eignung
gender	Geschlecht
tea	Tee
predict	prophezeien, prognostizieren, vorhersagen
Hi!	Hallo!
conquer	besiegen, erobern
receiver	Empfänger, Receiver
nobody	niemand; [ein] Niemand
organic	organisch
respective	jeweilig
prestigious	angesehen
strict	streng, genau
missing	fehlend, vermisst
pack	Bündel, Packung *AE*, Meute, Rudel; (ein)packen, vollpacken

DVD	DVD (Abkürzung für Digital Versatile Disc)
Antarctic	Antarktis; antarktisch
banner	Banner, Werbebanner, Fahne
enforce	durchsetzen, erzwingen
ice hockey	Eishockey
sitting	Sitzung; sitzend
athletics	Leichtathletik
ritual	Ritual; rituell
Buddhist	Buddhist(in)
dissolve	auflösen, (sich) lösen
guidance	Führung, Anleitung, Beratung
automobile	Auto, Kraftfahrzeug
farming	Landwirtschaft
urge	drängen, dringend bitten; Drang, Verlangen
every year	jährlich, jedes Jahr
collective	kollektiv, gemeinsam; Kollektiv, Gemeinschaft
killer	Killer, Mörder(in)
patron	Schirmherr(in), Mäzen(in), Förderer, Förderin
thanks to	dank
insect	Insekt
declaration	Erklärung, Deklaration
divine	göttlich, himmlisch; erahnen
strengthen	verstärken
geography	Geografie, Erdkunde
mate	Partner(in), Arbeitkollegin, Arbeitkollege, Maat, Männchen, Weibchen; paaren
worse	schlechter, schlimmer
literacy	Lese- und Schreibfähigkeit
constantly	ständig, andauernd
custom	Brauch, Gewohnheit, Gewohnheitsrecht, Kundschaft; kundenspezifisch, maßgeschneidert *AE*
lesson	Lektion, Unterricht(sstunde), Hausaufgabe
fate	Schicksal
deem	halten für, betrachten als
songwriter	Songwriter(in), Liederschreiber(in)
snake	Schlange
owe	verdanken, schulden
atom	Atom
disruptive	störend
undergraduate	Student(in) [vor dem Examen]
shelter	(be)schützen; Schutz, Zuflucht
jury	Jury, Geschworene, Prüfungsausschuss
harm	Schaden, Schädigung, Verletzung; schädigen, verletzen

Vokabeln 3601 bis 3700

rage	Wut, Zorn
communicate	mitteilen, kommunizieren
partial	partiell, teilweise
emphasize [auch: emphasise *BE*]	betonen, hervorheben
tactic(s)	Taktik
revive	(wieder)beleben, aufleben
notion	Begriff, Gedanke, Vorstellung, Ahnung
terminus *PL* termini oder terminuses	Endstation, Endpunkt
go on	weitergehen, geh weiter, mach weiter
wicket	Krickettor
ancestor	Vorfahr(in)
margin	Rand, Marge, Spielraum
shut *PS* shut *PP* shut *VF* shutting	schließen; geschlossen
cattle	Rindvieh
Celtic	keltisch; Keltisch
Palestinian	Palästinenser(in); palästinensisch
villager *BE*	Dorfbewohner(in)
transmit *PS* transmitted *PP* transmitted *VF* transmitting	übermitteln, übertragen
copper	Kupfer
maker	Hersteller(in)
utility	Nutzen, Nützlichkeit, Werkzeug, Utility, Hilfsprogramm [Computer]
magistrate	Richter(in), Friedensrichter(in)
arch	Wölbung, Bogen; sich wölben, überwölben
runner	Läufer(in)
commitment	Verpflichtung
eldest	älteste; Älteste [Kind]
lifetime	Lebensdauer, Lebenszeit
engaged [of a phone] *BE*, **busy** *AE* *KO* busier *SU* busiest	beschäftigt, besetzt [Telefon]
arena	Arena, Manege
dialogue	Dialog, Gespräch
earthquake	Erdbeben
extinct	erloschen, ausgestorben
after that	danach, anschließend
warfare	Kriegsführung
Warsaw	Warschau
funeral	Beerdigung, Begräbnis
moderate	moderat, mäßig, maßvoll; moderieren, (sich) mäßigen
probability	Wahrscheinlichkeit
afternoon	Nachmittag
traveller	Reisende(r)

equally	gleich, gleichmäßig, gleichermaßen, ebenso
facilitate	ermöglichen, erleichtern
actively	aktiv
tension	Spannung, Anspannung
ash *PL* ashes	Asche
acquisition	Erwerb, Anschaffung, Akquisition
biscuit	Keks, Gebäck
encode	verschlüsseln, codieren
fat *KO* fatter *SU* fattest	dick, fett; Fett
detective	Detektiv(in)
hat	Hut
namely	nämlich
mixture	Mixtur, Mischung, Gemisch
Peru	Peru
poison	Gift; vergiften
mainland	Festland
sketch	Skizze, Sketch; skizzieren
default	Default, Voreinstellung, Versäumnis; säumig sein; voreingestellt
abolish	abschaffen, aufheben [z. B. eine Vorschrift]
on top	obenauf, an der Spitze
simultaneously	gleichzeitig, simultan
grass	Gras
certificate	Zertifikat, Bescheinigung; zertifizieren, bescheinigen
swing *PS* swung *PP* swung	schwingen, schaukeln; Schwung, Schaukel, Swing
revenge	Rache, Revanche; rächen
artificial	künstlich
lesser	weniger
absolute	absolut, unbedingt
suspected	mutmaßlich, vermutet
silent	lautlos, still
trio	Trio
innovation	Innovation, Neuerung
bent	gebogen, gekrümmt
tides	Gezeiten
casualty	Opfer, Unfallopfer
Puerto Rico	Puerto Rico
rhythm	Rhythmus
recommendation	Empfehlung
based	basierend auf, auf der Grundlage von
Serbia	Serbien
continent	Kontinent, Erdteil
New England	Neuengland
Milan	Mailand
biology	Biologie

inspiration	Inspiration, Eingebung
in the end	schließlich, am Ende
sufficiently	ausreichend, genügend
ward	Wahlbezirk, Krankenhausstation
fork	Gabel, Gabelung; sich gabeln
recovery	Wiedergewinnung, Erholung, Genesung
activate	aktivieren
nest	Nest; nisten, verschachteln
cotton	Baumwolle
three times	dreimal
symptom	Symptom
sue	verklagen, einklagen
Holland	Holland
indoor	innen, im Hause, Innen-
expense	Ausgaben, Kosten(aufwand)
isolated	isoliert

Vokabeln 3701 bis 3800

reportedly	wie gemeldet, wie verlautet, angeblich
advisor	Berater(in), Ratgeber(in)
Democratic Party	Demokratische Partei
clerk	Schalterbeamte(r), Büroangestellte(r), Gerichtsschreiber(in)
impression	Eindruck, Auflage [Druck]
city council	Stadtrat
disband	(sich) auflösen [z. B. Band, Demonstration]
curriculum *PL* curricula oder curriculums	Lehrplan, Curriculum
finding	Entdeckung, Ergebnis, Fund (z. B. archäologischer)
fluid	Flüssigkeit; flüssig
cry *PL* cries	weinen, schreien; Schrei
solely	einzig und allein, nur
leaf *PL* leaves oder leafs	Blatt, Folie
American football	American Football, amerikanischer Fußball
tissue	Gewebe, Papiertaschentuch
efficient	effizient, wirksam, wirkungsvoll, leistungsfähig
intervention	Intervention, Einmischung, Eingreifen
objection	Einwand, Einspruch, Widerspruch
currency	Währung
fibre *BE*, fiber *AE*	Faser
persuade	überreden, überzeugen
lap *VF* lapping	Runde, Etappe, [kurz für] Laptop; überlappen, überrunden [Sport], plätschern
warrant	Rechtfertigung, Befugnis, Vollmacht, Garantie, Gewähr; bevollmächtigen, rechtfertigen, gewährleisten

cheap	billig, preisgünstig
stroke	Schlag, Schlaganfall, Streicheln; streicheln
gold medal	Goldmedaille
raw	rau, roh
crush	zerdrücken, zerkleinern; Gedränge, Schwärmerei
House of Commons	Unterhaus
authorize	autorisieren, ermächtigen
[auch: authorise *BE*]	
bow	Bogen [Waffe], Verbeugung, Schleife; (sich) verbeugen, neigen
enrol *BE*, **enroll** *AE* *VF* enrolling	(sich) anmelden, (sich) einschreiben, (sich) immatrikulieren
dock	Dock; (an)docken, anlegen
reception	Empfang, Rezeption
Iranian	Iraner(in), Iranisch; iranisch
bottle	Flasche; in Flaschen abfüllen
collector	Kollektor, Sammler(in)
consume	verzehren, konsumieren, verbrauchen
pan *PS* panned *PP* panned *VF* panning	Pfanne; schwenken
tenure	Amtszeit, Festanstellung
narrative	Erzählung, Schilderung
array	Array, Feld [in der Datenverarbeitung], Aufstellung, Ansammlung; anordnen, aufreihen
burning	brennend; Verbrennen
transformation	Transformation, Umwandlung
conspiracy	Verschwörung
radiation	Ausstrahlung, Strahlung
lady	Dame
configuration	Konfiguration, Anordnung
warring	Krieg führend, sich bekriegend
sin *PS* sinned *PP* sinned *VF* sinning	Sünde; sündigen
mansion	Herrenhaus
accommodate	anpassen, unterbringen
duck	Ente; untertauchen, (sich) ducken
intent	Absicht, Intention, Vorsatz
remix	Remix; neu mixen, neu zusammenstellen
presumably	vermutlich
printing	Drucken, Druck; druckend
Beijing	Peking
explosion	Explosion
definitely	bestimmt, definitiv
gross	grob, brutto, Brutto-; Gros, [das] Ganze
point of view	Blickwinkel, Gesichtspunkt, Standpunkt
punishment	Bestrafung, Strafe
subtropical	subtropisch

dive *PS* dived/dove *AE* *PP* dived/dove *AE*	Tauchgang, Kopfsprung; tauchen, hechten
ear	Ohr, Gehör, Ähre
teen	Jugendliche(r), Teenager
verge [of a road] *BE*, **shoulder** *AE*	Schulter; schultern, auf die Schulter nehmen
smooth	glatt; glätten
bullet	Kugel, Geschoss
soap	Seife; einseifen
assignment	Zuordnung, Zuteilung, Zuweisung, Aufgabe [Schule]
absolutely	absolut, völlig, durchaus
Colombia	Kolumbien
the next day	tags darauf, anderntags, der nächste Tag
dual	doppelt, dual
armoured *BE*, **armored** *AE*	gepanzert
costume	Kostüm, Tracht
shoe	Schuh; beschlagen [Pferd]
drinking	Saufen, Trinken
assertion	Behauptung, Beteuerung
islander	Inselbewohner(in), Insulaner(in)
module	Modul, Baugruppe
kidnap *PS* kidnapped *PP* kidnapped *VF* kidnapping	entführen, kidnappen
enquiry *BE*, **inquiry** *AE* [seltener: enquiry]	Anfrage, Abfrage, Untersuchung
demonstration	Darstellung, Demonstration, Kundgebung
impress	beeindrucken, einprägen
modification	Modifikation, Modifizierung, Änderung, Abwandlung
regulate	regulieren
classroom	Klassenzimmer
Renaissance	Renaissance
derby	Derby, [sportlicher] Wettbewerb
outbreak	Ausbruch
graph	Diagramm, grafische Darstellung; grafisch darstellen
oxygen	Sauerstoff, Oxygen
beating	Niederlage; schlagend
pursuit	Verfolgung, Streben, Ausübung
unblock	entsperren, lösen
re-elect *BE*, **reelect** *AE*	wiederwählen
lens	Linse

Vokabeln 3801 bis 3900

recreation	Erholung, Wiederherstellung
inscription	Inschrift, Aufschrift, Beschriftung, Widmung
promotional	Werbe-

bath	Bad, Badewanne *BE*; baden
jumper *BE*, **sweater** *AE*	Pullover, Strickjacke
grain	Getreide, Korn
riot	Aufstand, Aufruhr; randalieren
graphic	grafisch
fifty	fünfzig
grandson	Enkel
shock	Schock, Erschütterung, [elektrischer] Schlag; schockieren, erschüttern
negotiate	verhandeln, aushandeln
revision	Revision, Überprüfung
deserve	verdienen
Middle East	Naher Osten, Mittlerer Osten, Vorderer Orient, Vorderasien
pond	Teich, Tümpel
verb	Verb, Zeitwort
middle school	Mittelstufe [Schule]
by the time	bis
assemble	zusammenbauen, (sich) versammeln
prose	Prosa; prosaisch
motorcycle	Motorrad
derivative	Derivat, Ableitung [Mathematik]; abgeleitet, nachgemacht
sultan	Sultan
nephew	Neffe
sack	Sack, Rausschmiss *BE*; rausschmeißen *BE*
legitimate	legitimieren; legitim, rechtmäßig
infection	Infektion, Ansteckung
Nepal	Nepal
bike	Fahrrad; Rad fahren
drag *PS* dragged *PP* dragged *VF* dragging	ziehen, schleppen; Luftwiderstand, Langweiler(in)
advertisement	Werbung
South African	südafrikanisch; Südafrikaner(in)
demo	Demo(nstration), Vorführung
barrier	Barriere, Schranke, Hindernis
cylinder	Zylinder
laser	Laser
cheer	(be)jubeln, anfeuern; Jubel
diplomatic	diplomatisch
mechanic	Mechaniker(in)
voyage	Reise
Munich	München
diet	Diät, Nahrung
outdoor	draußen, im Freien

vandal	Vandale, Rowdy
dig *PS* dug *PP* dug *VF* digging	(aus)graben; Ausgrabung, Seitenhieb
puppet	Marionette, Puppe
suppose	vermuten, annehmen
rough	grob, rau, ungefähr
intermediate	dazwischenliegend, intermediär, mittlere(r,s), Mittel-; Zwischenprodukt, fortgeschrittene(r) Anfänger(in) [Studium]
shipping	Versand, Verschiffung; versendend
chancellor	Kanzler(in)
journalism	Journalismus
contrary	entgegengesetzt, gegensätzlich; Gegenteil, Gegensatz
imprison	einsperren, inhaftieren
territorial	territorial
rewrite *PS* rewrote *PP* rewritten	umschreiben
regain	wiedererlangen, wiederbekommen
to be in charge of	verantwortlich sein für
thereby	dadurch, damit
Communist Party	kommunistische Partei
awareness	Gewahrsein, Kenntnis
fulfil *BE*, **fulfill** *AE* *VF* fulfilling	erfüllen
profession	Beruf
petition	Gesuch, Petition; ersuchen
you'll	Abk. für: you will/shall
liberation	Befreiung
heading	Überschrift, Briefkopf
relay *PS* relaid *PP* relaid	Relais; weiterleiten, übertragen
tiny *KO* tinier *SU* tiniest	winzig
consequently	folglich, infolgedessen, daher
drain	Drainage, Abfluss, Ablauf; ablaufen, entwässern
spy	Spion(in); spionieren
pride	Stolz
apology	Entschuldigung, Bedauern
cent	Cent
spectrum *PL* spectra oder spectrums	Spektrum
Bulgarian	Bulgarin, Bulgare, Bulgarisch; bulgarisch
perfectly	perfekt, einwandfrei
militia	Miliz, Bürgerwehr
elevate	erhöhen, erheben, anheben, hochheben
parking	Parken, Einparken, Parkmöglichkeit
syndrome	Syndrom
efficiency	Effizienz, Leistungsfähigkeit, Wirksamkeit
orientation	Orientierung
attain	erlangen, erreichen
assess	beurteilen, bewerten, einschätzen

arrow	Pfeil
chorus	Chor, Refrain
mediation	Vermittlung, Schlichtung, Mediation
pen *PS* penned *PP* penned *VF* penning	Schreibstift, Füller, Feder(halter), Kuli; schreiben
evaluate	beurteilen, bewerten, einschätzen, evaluieren
fault	Fehler, Schuld
wage	Lohn, Gehalt
interact	wechselwirken, interagieren
potentially	möglicherweise
autonomous	autonom, unabhängig
commemorate	gedenken
identification	Identifizierung, Identifikation
testament	Testament

Vokabeln 3901 bis 4000

thirteen	dreizehn
realm	Bereich, Fachgebiet, Königreich
invest	investieren
Bengal	Bengalen
preference	Vorliebe, Präferenz
sphere	Bereich, Sphäre, Kugeloberfläche
correspond	entsprechen, korrespondieren
legacy	Vermächtnis, Erbschaft, Hinterlassenschaft
Argentine	argentinisch; Argentinier(in)
commit *PS* committed *PP* committed *VF* committing	begehen [z. B. Verbrechen], anvertrauen, übertragen, einweisen [z. B. in eine Anstalt], verpflichten
over time	im Laufe der Zeit
Iraqi	Iraker(in); irakisch
decorate	schmücken, dekorieren
insult	Beleidigung; beleidigen
investor	Investor(in)
enlist	anwerben [zum Militär], einberufen
elementary school *AE*	Grundschule
maritime	maritim, See-
fossil	Fossil, Versteinerung; fossil, versteinert
violin	Geige, Violine
encompass	umfassen, umschließen, beinhalten
coup	Coup, Umsturz, Putsch, Staatsstreich
quest	Suche; suchen
bag *PS* bagged *PP* bagged *VF* bagging	Tasche, Sack; einpacken
passion	Leidenschaft, Passion
similarity	Ähnlichkeit
extract	Extrakt; extrahieren

secondary school	weiterführende Schule
torture	Folter; foltern, quälen
moreover	außerdem, überdies, darüber hinaus
occasional	gelegentlich
rod	Stange, Stab, Rute
myth	Mythos, Sage, Legende
exclude	ausschließen, ausgrenzen
attendance	Anwesenheit, Besucherzahl
affiliate	angliedern; Tochtergesellschaft, Zweigfirma
this way	so, auf diese Weise
impressive	eindrucksvoll, beeindruckend
employer	Arbeitgeber(in)
nurse	Krankenschwester, Krankenpfleger(in); pflegen, stillen
conquest	Eroberung
boot	Stiefel, Kofferraum *BE*; [Rechner] hochfahren, booten
incomplete	unvollständig, unfertig
rape	Plünderung, Schändung, Raps; schänden
unify	vereinigen, vereinheitlichen
immigration	Einwanderung
autumn	Herbst
Philippine	philippinisch
upset *PS* upset *PP* upset *VF* upsetting	verärgern, aus der Fassung bringen; aufgebracht, verstimmt; Verstimmung
pub *BE*	Kneipe
outlet	Abfluss, Abzug, Ausfluss, Verkaufsstelle, Absatzmarkt, Steckdose *AE*
dependent	abhängig; Abhängige(r) *AE*
layout	Layout, Anordnung, Grundriss
wrestler	Ringer(in)
humour *BE*, humor *AE*	Humor
most likely	höchstwahrscheinlich
at this point	an dieser Stelle, hier
southeastern	südöstlich
hip	Hüfte, Hagebutte
intense	intensiv
in love (with)	verliebt (in)
Lebanon	Libanon
forever	(für) immer, ewig
fellowship	Kameradschaft, Stipendium
aboard	an Bord, im Zug, im Flugzeug
hybrid	hybrid, Hybrid-; Mischform, Kreuzung [Biologie]
Bulgaria	Bulgarien
slide *PS* slid *PP* slid	Dia, Rutschbahn, Gleiten; gleiten, rutschen, schlittern
fragment	Fragment, Bruchstück; zerbrechen, in Stücke brechen
ridge	Rücken [Gebirge, Nase, Tier], Kamm [Gebirge], Grat

by which	wodurch, womit
unity	Einheit, Einigkeit
dozen	Dutzend
rumour	Gerücht
analogue *BE*, **analog** *AE*	analog; Analogon
airfield	Flugplatz, Flugfeld, Fluggelände
unclear	undeutlich, unklar
specification	Spezifikation, (genaue) Beschreibung
clip *PS* clipped *PP* clipped *VF* clipping	Clip, Klammer; schneiden, kappen, klammern
garrison	Garnison
username	Benutzername
hurt *PS* hurt *PP* hurt	verletzen, schmerzen, kränken; verletzt, gekränkt; Kränkung, Schmerz
Azerbaijan	Aserbaidschan
embassy	Botschaft(sgebäude)
invention	Erfindung
engagement	Verpflichtung, Verabredung, Engagement [Theater], Verlobung
clarify	klären, verdeutlichen
rover	Vagabund(in), Wanderin, Wanderer
electronics	Elektronik
elaborate	ausführlich, (sorgfältig) ausgearbeitet; näher ausführen, (sorgfältig) ausarbeiten
very much	sehr
slot	Schlitz, Steckplatz, Slot
rotate	rotieren, (sich) drehen
call for	erbitten, verlangen, fragen nach
admission	Zutritt, Zulassung, Einlieferung/Einweisung [in ein Krankenhaus], Eintritt [Preis]
handling	Handhabung
kit	Bausatz; zusammenpressen
compact	kompakt; Kompaktwagen *AE*, Puderdose, (geheime) Übereinkunft
epic	episch; Epos, Heldengedicht
vampire	Vampir

Vokabeln 4001 bis 4100

instructor	Ausbilder(in), Lehrer(in)
set-up *BE*, **setup** *AE*	Aufbau; einrichten, aufbauen
bicycle	Fahrrad
monarch	Monarch(in)
revolt	Aufstand, Aufruhr, Revolte; (sich) auflehnen, revoltieren
inappropriate	unangemessen, unangebracht, ungeeignet
priority	Priorität, Vorrang
overcome *PS* overcame *PP* overcome	überwinden, bewältigen

goddess	Göttin
terminate	begrenzen, beenden, enden
heal	heilen, verheilen
judicial	gerichtlich, richterlich
dawn	Morgendämmerung, Tagesanbruch; dämmern, anbrechen [z. B. Tag]
pin *PS* pinned *PP* pinned *VF* pinning	(Steck)Nadel, Stift, Anstecknadel, Pin; anheften, befestigen
proportion	Anteil, Proportion, Verhältnis
long-term	langfristig
torpedo *PL* torpedoes	Torpedo; torpedieren
mythology	Mythologie
sailor	Seemann, Segler(in)
to be owned by	gehören, Eigentum sein von
proven	bewährt, erprobt, bewiesen
troll	Kobold, Troll
mandate	Vollmacht, Mandat; bevollmächtigen, beauftragen
spam *PS* spammed *PP* spammed	Spam, Frühstücksfleisch; spammen
scandal	Skandal
mosque	Moschee
on behalf of	im Auftrag von, im Interesse von, im Namen von
civilization [auch: civilisation *BE*]	Zivilisation, Kultur
anger	Ärger, Zorn; ärgern, verärgern
navigation	Navigation, Schifffahrt
discharge	entladen [auch Batterie], entlassen, ausstoßen, tilgen [Schulden]; [elektrische] Entladung, Freisetzung [Gas, Flüssigkeit, Schadstoffe], Begleichung [Schulden]
widow	Witwe
crater	Krater
wet *PS* wet/wetted *PP* wet/wetted *VF* wetting *KO* wetter *SU* wettest	nass; nass machen
transaction	Transaktion, Geschäftsabschluss, Abwicklung
presidency	Präsidentschaft
armed forces	Streitkräfte
pet *PS* petted *PP* petted *VF* petting	Haustier, Liebling; liebkosen
a wide range	ein große Auswahl, eine breite Palette
plantation	Plantage
accuracy	Genauigkeit, Präzision
renew	erneuern
tendency	Tendenz
suspension	Suspendierung, Aussetzung, Suspension [Chemie]
consultant	Berater(in), Facharzt *BE*
incumbent	amtierend; Amtsinhaber(in)
explicitly	explizit, ausführlich, ausdrücklich

remedy	Abhilfe, Heilmittel; abhelfen, wiedergutmachen
barrel	Barrel, Fass
trademark	Warenzeichen, Markenzeichen
complicated	kompliziert
counterpart	Gegenstück, Pendant
integral	wesentlich, integral; Integral
abstract	abstrakt; Zusammenfassung; abstrahieren
trek *PS* trekked *PP* trekked *VF* trekking	trecken, wandern; Wanderung, Treck
screenshot	Bildschirmschnappschuss, Screenshot
precisely	genau, präzise
ballot	Stimmzettel, (geheime) Abstimmung
Byzantine	byzantinisch; Byzantiner(in)
artwork	Kunstwerk
suite	Suite
cafe	Café, Kaffeehaus
icon	Icon, Ikone, Symbol [Computer]
exploit	verwerten, ausbeuten, ausnutzen; Heldentat, große Leistung
molecular	molekular, Molekular-
bearing	Haltung, Lager(ung); tragend
strain	Belastung, Anspannung; belasten, anstrengen, (sich) anspannen
neighbour *BE*, **neighbor** *AE*	Nachbar(in)
voltage	Voltzahl, [elektrische] Spannung
strictly	strikt, streng(stens)
fence	Zaun; einzäunen, fechten
South America	Südamerika
tenth	zehnte; Zehnte, Zehntel
ion	Ion
graduation	Graduierung, Schulabschluss(feier), Gradeinteilung
hook	Haken, Aufhänger; anhaken, haken
mysterious	mysteriös, geheimnisvoll, rätselhaft
donation	Spende, Schenkung
lord	Herr, Lord
lend *PS* lent *PP* lent	leihen, ausleihen, verleihen
valve	Ventil
full-time	vollzeit, Vollzeit-; ganztags
browser	Browser
emotional	emotional, emotionell, gefühlvoll
proclaim	proklamieren, verkünden
convoy	Konvoi, Geleit(zug); geleiten, eskortieren
parody	Parodie; parodieren
processing	Verarbeitung, Bearbeitung; bearbeitend
treasure	Schatz, Kostbarkeit; (hoch)schätzen, hüten

real estate	Immobilien, Grundbesitz
listing	Auflistung, Liste; auflistend
Croatian	Kroatin, Kroate, Kroatisch; kroatisch
welfare	Fürsorge, Sozialhilfe, Wohl(ergehen)
mutual	gegenseitig, wechselseitig
arc	Bogen, Kreisbogen
philosophical	philosophisch
flavour *BE*, flavor *AE*	Geschmack; würzen
how many	wie viel(e)
discontinue	aufhören, beenden
melody	Melodie

Vokabeln 4101 bis 4200

interchange	Austausch, Autobahnkreuz *AE*; (gegenseitig) (aus)tauschen
patch	Flicken, Patch [Software], Medikamentenpflaster; ausbessern, flicken
specimen	Probe(stück), Muster(stück), Exemplar
Venice	Venedig
condemn	verdammen, missbilligen
cure	Kur, Heilmittel; heilen, haltbar machen
conjunction	Verbindung, Konjunktion, Bindewort
organism	Organismus
supplement	Ergänzung, Zusatz; ergänzen
witch	Hexe
exploration	Erforschung, Erkundung, Exploration
sixteen	sechzehn
with which	womit
breeding	Züchtung; (aus)brütend, Brut-, züchtend
node	Knoten, Knotenpunkt
intelligent	intelligent
Gothic	gotisch; Gotik, gotische Schrift
interactive	interaktiv
Member of Parliament	Parlamentsmitglied, Parlamentarier(in), Abgeordneter(in)
computing	Berechnen; berechnend
allegedly	angeblich
grid	Gitter, Raster, Koordinatengitter
bombing	Bombenangriff, Bombardierung; bombardierend
overlook	übersehen, überschauen
twentieth	zwanzigste
customs	zollamtlich; Zoll(behörde), Zollabfertigung, Bräuche, Sitten
considerably	beträchtlich, erheblich
vital	vital , lebenswichtig, lebensnotwendig

varied	verschiedenartig, vielfältig, abwechslungsreich
integration	Integration, Integrierung, Eingliederung
backing	Unterstützung, Rückhalt
pick up	(auf)heben, (ab)holen
consumption	Konsum, Verbrauch, Verzehr
processor	Prozessor, Sachbearbeiter(in) *AE*
tyre *BE*, **tire** *AE*	ermüden
theoretical	theoretisch
structural	strukturell
luck	Glück
resignation	Resignation, Rücktritt
whenever	immer wenn, wann (auch) immer
dinner	Abendessen, Festessen
theological	theologisch
Prague	Prag
to be called	heißen, genannt werden
in public	öffentlich, in der Öffentlichkeit
eligible	geeignet, wählbar, berechtigt, infrage kommen
psychological	psychologisch
smoke	Rauch; rauchen
ace	Ass
rotation	Rotation, Drehung
privilege	Privileg, Vorrecht; bevorzugen
poorly	arm(selig), ärmlich; schlecht
protagonist	Hauptperson, Protagonist(in)
workout	Training, Übungseinheit
idol	Idol, Abgott
receptor	Rezeptor
Croatia	Kroatien
in an attempt to	um … zu
millennium *PL* millennia oder millenniums	Jahrtausend, Millennium
circulation	Zirkulation, Kreislauf, Umlauf
ahead of	vor, voraus
functional	funktional, funktionell, Funktions-; Funktional [Mathematik]
runway	Landebahn, Startbahn
Thai	thailändisch; Thailänder(in), Thai
interval	Intervall, Zwischenraum, Zeitspanne
deeply	zutiefst, tief, äußerst
boom	Boom, Aufschwung; boomen, florieren
acoustic	akustisch
console	Konsole, Tastatur [Rechner]; trösten
Yugoslavia	Jugoslawien
lots of	(sehr) viel, viele, eine Menge

villain	Bösewicht, Schurke
corruption	Bestechung, Korruption
ensue	folgen, sich ergeben
quiet	leise, ruhig, still; Ruhe
hardly	kaum
sea level	Meeresspiegel, Normalnull
separation	Abtrennung, Trennung
put in	hineinstecken, einsetzen, einlegen, hineintun
pace	Schritt, Gangart, Tempo; (auf und ab) schreiten, das Tempo angeben
clean-up *BE*, **cleanup** *AE*	Reinigung, Säuberung
tough	zäh, robust
triangle	Dreieck
vowel	Selbstlaut, Vokal
carve	schnitzen, tranchieren, kerben
commentator	Kommentator(in)
hydrogen	Wasserstoff
fortress	Festung, Bollwerk
toll	Maut, Gebühr; läuten
banking	Bankwesen
Hello!	Hallo!
incorrect	unrichtig, falsch, fehlerhaft
brake	Bremse; bremsen
swear *PS* swore *PP* sworn	schwören, fluchen
loose	locker, lose; losmachen, lösen, lockern, auslösen
Yankee	Nordstaatler(in), Yankee
gravity	Schwerkraft, Gravitation
kitchen	Küche
registration	Registrierung
bless *PS* blessed/blest *PP* blessed/blest	preisen, segnen

Vokabeln 4201 bis 4300

pocket	Tasche, Jackentasche; einstecken, einsacken
Czech Republic	Tschechische Republik, Tschechien
Methodist	Methodist(in); methodistisch
rid *PS* rid/ridded *PP* rid/ridded *VF* ridding	befreien, loswerden
drill	bohren, drillen; Bohrer, Drill
nose	Nase
sheriff	Sheriff
shrine	Schrein
divorce	Ehescheidung, Scheidung; scheiden, sich scheiden lassen
girlfriend	Freundin
strait	Meerenge

expel *PS* expelled *PP* expelled *VF* expelling	vertreiben, ausweisen, verweisen, ausschließen
indication	Indikation, Anzeichen, Hinweis
harvest	Ernte; ernten
rat	Ratte
burial	Beerdigung, Beisetzung
encyclopaedic *BE*, **encyclopedic** *AE*	enzyklopädisch, umfassend
resist	widerstehen
mere	bloß, nur
atomic	atomar, Atom-
auto	Auto; Auto-, Fahrzeug-
how much	wie viel, wie teuer
decree	Dekret, Verordnung; verordnen, verfügen
induct	einführen, einsetzen, einweihen
per year	pro Jahr, jährlich
angry *KO* angrier *SU* angriest	wütend, zornig, böse, verärgert
assassination	Ermordung, Attentat
lawsuit	Klage, Rechtsstreit, Prozess
gathering	Versammlung, Sammeln; sammelnd
shark	Hai
announcement	Ankündigung, Bekanntmachung
chicken	Huhn, Hühnchen, Hähnchen, Angsthase; feige
clause	Klausel, Satzteil
present-day	heutig(e), modern(e)
diesel	Diesel, Dieselkraftstoff, Dieselfahrzeug
storyline	Handlung(sablauf)
obscure	obskur, undurchsichtig; verdecken, verschleiern, verdunkeln
hypothesis *PL* hypotheses	Hypothese, Annahme
plaza	Einkaufszentrum
observatory	Observatorium, Sternwarte
depot	Depot, Lager
spare	erübrigen, entbehren; Reserve-, Ersatz-, überzählig, überflüssig; Ersatzteil
more recently	neuerdings, in jüngster Zeit
bet *PS* bet/betted *PP* bet/betted *VF* betting	wetten; Wette, Wetteinsatz
halt	Stillstand, Halt; anhalten
Cambodia	Kambodscha
prospect	Aussicht, Perspektive; erkunden, schürfen
decision-making	Entscheidungsfindung
suburban	vorstädtisch, Vorstadt-
all but	fast, beinahe
statute	Statut, Satzung
refuge	Zuflucht(sort), Refugium

zoo	Tierpark, Zoo
inter *PS* interred *PP* interred *VF* interring	begraben, bestatten
preservation	Aufrechterhaltung, Erhaltung, Bewahrung, Konservierung
bypass	Umgehung(sstraße), Bypass; umgehen, umfahren
duration	Dauer, Zeitdauer
quit *PS* quit/quitted *PP* quit/quitted *VF* quitting	beenden
relegate	verweisen, degradieren, runterstufen
biblical	biblisch
speculation	Spekulation
nationality	Nationalität, Staatsangehörigkeit
survival	Überleben
optical	optisch
alert	Alarm; alarmieren, warnen; aufmerksam
mature	reif, ausgewachsen; reifen, reifer werden, fällig werden
with the exception (of)	mit Ausnahme (von)
remarkable	bemerkenswert
reconstruction	Rekonstruktion, Wiederaufbau
migrate	auswandern, abwandern, migrieren
somebody	jemand
confidence	Vertrauen, Zuversicht
Viking	Wikinger(in)
Anglican	anglikanisch; Anglikaner(in)
excess	Überschuss, Übermaß, Exzess; überflüssig, überzählig
Palestine	Palästina
aggressive	aggressiv
humanity	Menschheit, Humanität, Menschlichkeit
Antarctica	Antarktis
councilor	Ratsmitglied, Stadtrat, Stadträtin
populate	bevölkern
comic book	Comicheft
feedback	Feedback
cruiser	Kreuzer, Kreuzfahrtschiff, Motoryacht
echo *PL* echoes	Echo; widerhallen
beast	Biest, Bestie
explosive	explosiv; Sprengstoff
hammer	Hammer; hämmern
Panama	Panama
reinforce	verstärken, bekräftigen
align	(in Linie) ausrichten, angleichen
theatrical	theatralisch, Theater-
habit	Gewohnheit, Angewohnheit
monkey	Affe

footage	Filmmaterial [Szene, Filmausschnitt], Filmmeter
pianist	Pianist(in), Klavierspieler(in)
mad *KO* madder *SU* maddest	irre, verrückt, wahnsinnig
freely	frei, freimütig, großzugig
fourteen	vierzehn; Vierzehn
aerial	aus der Luft, Luft-; Antenne *BE*

Vokabeln 4301 bis 4400

wireless	drahtlos; Rundfunk *BE*[veraltet]
clash	Konflikt, Kollision, Zusammenprall, Überschneidung; zusammenstoßen, aufeinanderprallen, sich überschneiden, nicht harmonieren
moist	feucht
knee	Knie
bench	Sitzbank, Werkbank; auf die Strafbank verweisen
teenager	Teenager
upcoming	bevorstehend
somehow	irgendwie
runner-up *PL* runners-up	Vizemeister(in), Zweitplatzierte(r)
emission	Emission
hoax	Schabernack, Zeitungsente; einen Bären aufbinden
beneath	unterhalb, darunter, unten; unter
blast	Detonation, Explosion, Windstoß, Stoß; sprengen, ballern
healthy *KO* healthier *SU* healthiest	gesund
freight	Fracht; verfrachten
oral	oral, mündlich
first-class	erstklassig, per erster Klasse
tactical	taktisch
lighting	Beleuchtung
artefact *BE*, **artifact** *AE*	Artefakt
blade	Klinge, Schneide
consolidate	konsolidieren
inaugural	Antritts-, Eröffnungs-
disruption	Unterbrechung, Störung [die etwas unterbricht]
South Korea	Südkorea
plenty	reichlich, viel
cowboy	Cowboy
slip *PS* slipped *PP* slipped *VF* slipping	gleiten, (aus)rutschen; Unterrock, Ausrutscher
innocent	unschuldig
noun	Hauptwort, Substantiv
know-how	Know-how, (praktisches) Fachwissen
satisfy	erfüllen, zufriedenstellen
task force	Task-Force, Einsatzkommando, Spezialeinheit
record label	Plattenlabel, Plattenfirma

to be added	hinzukommen, dazukommen, hinzugefügt werden
innovative	innovativ
striking	bemerkenswert, eindrucksvoll, streikend
supposedly	angeblich
showcase	Schaukasten, Vitrine
decoration	Dekoration, Verzierung
circular	kreisförmig; Rundschreiben
from there	daher, dorther, davon
remind	erinnern
predominant	vorherrschend, überwiegend
lobby	Lobby, Eingangshalle, Interessengruppe; lobbyieren
slight	gering(fügig)
meal	Mahlzeit, Mahl, Essen
acceptance	Akzeptanz, Akzeptierung
longtime [auch: long-time *BE*]	Langzeit-, langzeitig
underlying	zugrundeliegend
presenter	Programmansager(in) *BE*, Redner(in) *AE*, Preisverleiher(in) *AE*
propaganda	Propaganda
perception	Wahrnehmung, Auffassung, Perzeption
conceive	ausdenken, begreifen, konzipieren
thesis *PL* theses	Behauptung, These, Doktorarbeit
sheep	Schaf
embark	(sich) einschiffen, an Bord gehen
elephant	Elefant
all-in	alles inklusive, alles inbegriffen
sprint	Lauf, Sprint; sprinten
lifestyle	Lifestyle, Lebensweise
doctorate	Doktortitel
health care	Gesundheitswesen, medizinische Versorgung
surgeon	Chirurg(in)
optional	optional, auf Wunsch
sensitive	empfindsam, sensibel, einfühlsam
Vietnamese	vietnamesisch; Vietnamesin, Vietnamese, Vietnamesisch
seemingly	anscheinend, scheinbar
dot *PS* dotted *PP* dotted *VF* dotting	Punkt; tupfen
fake	Fälschung, Vortäuschung; gefälscht, vorgetäuscht; fälschen, vortäuschen
fringe	Rand, Franse, Pony [Frisur]; umsäumen
blend	Mischung, Verschnitt; (sich ver)mischen
ordain	ordinieren, weihen
in case	falls, im Falle
butterfly	Schmetterling

tan *PS* tanned *PP* tanned *VF* tanning *KO* tanner *SU* tannest	Bräune, Sonnenbräune; bräunen; hellbraun
comedian	Komödiant(in), Komiker(in)
distant	entfernt, fern
midnight	Mitternacht; mitternächtlich
find out	herausfinden
reviewer	Rezensent(in)
migration	Migration, Abwanderung
spur *PS* spurred *PP* spurred *VF* spurring	Ansporn, Sporn; anspornen
put on	anziehen, aufsetzen, auftragen
haven	Zufluchtsort
rumour *BE*, **rumor** *AE*	Gerücht
hub	Hub, Knotenpunkt, Nabe
beta	Beta
rap *PS* rapped *PP* rapped *VF* rapping	Rap, Klopfen; [auf etwas] klopfen, rappen
interrupt	unterbrechen, stören
consent	Zustimmung; zustimmen
knife *PL* knives	Messer; (er)stechen
bowling	Bowling
velocity	Geschwindigkeit
make sure	sich vergewissern, sicherstellen
deity	Gottheit, göttliches Wesen
diversity	Vielfalt, Diversität
infinite	unendlich
subpage	Unterseite [untergeordnete Seite einer Website]
sometime	irgendwann

Vokabeln 4401 bis 4500

fusion	Fusion, Verschmelzung
flank	Flanke; flankieren
badge	Abzeichen
induce	induzieren, bewirken, hervorrufen
accidentally	zufällig, versehentlich
spite	Boshaftigkeit, Gehässigkeit; ärgern
rivalry	Rivalität
pig	Schwein
Newfoundland	Neufundland
one another	einander
crack	Riss, Sprung, Spalte; (zer)brechen, knacken, zerspringen, einen Sprung bekommen; erstklassig, Elite-
vegetable	Gemüse
citizenship	Staatsangehörigkeit
reunite	wiedervereinigen
logical	folgerichtig, logisch

minimal	minimal
embrace	Umarmung; umarmen, umfassen
prey	Beute
adjust	anpassen, justieren
get to	erreichen, kommen zu, gelangen
trainer	Trainer(in)
anthology	Anthologie, Sammelband
delight	Freude, Vergnügen
cabin	Kabine
shirt	Hemd
Wednesday	Mittwoch
infant	Kleinkind, Säugling
renovation	Renovierung
hasn't	Abk. für: has not
bulk	Großteil, große Menge
volleyball	Volleyball
nationally	national
physically	physikalisch, physisch, körperlich
lecturer	Dozent(in)
stability	Stabilität
scrap *PS* scrapped *PP* scrapped *VF* scrapping	Stückchen, Reststück; ausrangieren, verschrotten, wegwerfen
controller	Controller, Kontroller, Regler
glory	Ruhm, Herrlichkeit
opus	Opus, Werk
Federal Government	Bundesregierung
expire	verfallen, ungültig werden
in conjunction with	in Verbindung mit, zusammen mit
cannon	Kanone; karambolieren, prallen *BE*
weaken	schwächen, schwach werden
hail	Hagel; hageln
punch	Faustschlag, Punsch; boxen, lochen, stanzen, [Knopf] drücken
clothes	Kleidung, Bekleidung
foster	begünstigen, fördern, aufziehen; Pflege-
timber	Bauholz, Nutzholz, Balken
uprising	Aufstand
funny *KO* funnier *SU* funniest	lustig, komisch, witzig
harmony	Harmonie
OK	in Ordnung
agenda	Agenda, Tagesordnung
mammal	Säugetier
loyal	loyal, treu
breach	Verstoß, Übertretung, Bruch [z. B. einer Vereinbarung]; eine Bresche schlagen, brechen [z. B. Vertrag]

diary	Tagebuch
extraordinary	außergewöhnlich, außerordentlich
breast	Brust
as early as	so früh wie, schon
summon	laden, einberufen, beordnen, anfordern
eventual	schließlich, letztendlich
memoir	Biografie
laugh	lachen; Lachen
applicable	anwendbar
nationwide	landesweit, überregional
Syria	Syrien
legally	legal, rechtlich, gesetzlich
more likely	eher, wahrscheinlicher
explode	explodieren
transmitter	Sender
eighteen	achtzehn
subdivision	Unterabteilung, Unterteilung, Untergliederung
dealer	Händler(in), Kartengeber(in)
enormous	enorm, gewaltig, riesig
exam [kurz für: examination]	Examen, Prüfung
overlap *PS* overlapped *PP* overlapped *VF* overlapping	Überschneidung, Überlappung; (sich) überschneiden, (sich) überlappen
generic	generisch, artmäßig; Generikum
alphabet	Alphabet
plague	Plage, Seuche; plagen, heimsuchen
terrorism	Terrorismus
directory	Verzeichnis
forty	vierzig
react	reagieren
findings	Befund, Resultate, Erkenntnisse
likewise	ebenfalls, ebenso, gleichermaßen
re-release *BE*, **rerelease** *AE*	Neuauflage; wieder veröffentlichen
purely	rein, völlig, bloß
abundance	Fülle, Überfluss
at times	zeitweise, hin und wieder, gelegentlich
gaming	Spielen [um Geld]; [um Geld] spielend
midfielder	Mittelfeldspieler(in)
aluminium *BE*, **aluminum** *AE*	Aluminium
geometry	Geometrie
garner	zusammentragen, anhäufen
diagram *VF* diagraming *AE*/diagramming *BE*	Diagramm; grafisch darstellen, als Diagramm darstellen
reservation	Vorbehalt, Reservierung, Reservat
emotion	Emotion
proved to be	sich erwiesen als

Vokabeln 4501 bis 4600

guarantee	Garantie, Gewährleistung; garantieren, gewährleisten
wise	weise
sick	krank
prophet	Prophet(in), Weissager(in)
limitation	Limitierung, Begrenzung, Einschränkung, Beschränkung
ranch	Ranch, Viehfarm
enrolment *BE*, enrollment *AE*	Einschreibung, Immatrikulation
consciousness	Bewusstsein
accordance	Übereinstimmung
joy	Freude
digit	Ziffer, Finger, Zeh
it is believed	es wird angenommen, man nimmt an
Prussia	Preußen
patriot	Patriot(in)
borrow	(aus)borgen, (aus)leihen
suppress	unterdrücken
at the start	am Anfang
heavyweight	Schwergewicht(ler)
Lutheran	Lutheraner(in); lutherisch
dust	Staub; abstauben
partition	Aufteilung, Partition; aufteilen
novelist	Romanautor(in)
nonetheless	nichtsdestoweniger, dennoch, trotzdem
inland	binnenländisch; landeinwärts
postal	postalisch, Post-
reflection	Reflexion, Spiegelbild, Überlegung
scenario	Szenario, Szenarium, Drehbuch
presently	gegenwärtig, zurzeit
nerve	Nerv, Mut; ermutigen
plateau *PL* plateaux *BE*, plateaus *AE*	Plateau, Hochebene
Kenya	Kenia
horizontal	horizontal, waagerecht; Horizontale, Waagerechte
short-lived	kurzlebig
chest	Brust(korb), Truhe, Kasten, Kiste
broadcaster	Rundfunkunternehmen, Rundfunksprecher(in)
striker	Streikende(r), Stürmer(in)
sanctuary	Zufluchtsort, Schutzgebiet, Altarraum
board of directors	Direktorium, Vorstand
mess	Unordnung; in Unordnung bringen, beschmutzen
pregnant	schwanger
orient	Orient; orientieren, ausrichten
hint	Hinweis; andeuten
disagreement	Meinungsverschiedenheit, Uneinigkeit

okay	in Ordnung
film-maker *BE*, **filmmaker** *AE*	Filmemacher(in)
autobiography	Autobiografie
skating	Skating, Schlittschuhlaufen, Rollschuhlaufen
teammate	Mitspieler(in), Mannschaftskamerad(in)
nonsense	Unsinn
at night	nachts
annex	annektieren, einverleiben
First World War	Erster Weltkrieg
chat *PS* chatted *PP* chatted *VF* chatting	Chat, Plauderei; plaudern, chatten
expectation	Erwartung
preliminary	einleitend, vorbereitend, vorläufig; Einleitung, Vorbereitung
arsenal	Arsenal
yeah [coll.]	ja, klar
canoe	Kanu; Kanu fahren
corridor	Korridor, Flur
referee	Schiedsrichter(in), Ringrichter(in), Referee
relieve	erleichtern [Gefühle], lindern, mildern, ablösen [z. B. Wache]
routine	Routine; routinemäßig
recur *PS* recurred *PP* recurred *VF* recurring	wiederkehren, wieder auftreten, sich wiederholen
shorten	(ab)kürzen, verkürzen
synthesis *PL* syntheses	Synthese
ease	lindern, lockern, (sich) entspannen; Leichtigkeit
notify	benachrichtigen, melden
Middle Ages	Mittelalter
terrain	Gelände, Terrain
endanger	gefährden, in Gefahr bringen
inspector	Inspektor(in), Kontrolleur(in)
state school *BE*, **public school** *AE*	(exklusive) Privatschule *BE*, staatliche Schule *AE*
culminate	gipfeln, kulminieren
headline	Überschrift, Schlagzeile
virtue	Tugend, Vorteil
Dominican	Dominikaner-, dominikanisch; Dominikaner(in)
geological	geologisch
unrelated	nicht verwandt, nicht in Beziehung stehend
tight	eng, straff
tongue	Zunge, Sprache
afraid	ängstlich
binding	Bindung [auch chemische], Einband; bindend
secular	weltlich, säkular
cream	Creme, Rahm, Sahne; cremefarben; cremig rühren

Capitol	Kapitol
Buddhism	Buddhismus
boxer	Boxer(in)
marker	Marker, Markierung, Wegweiser, Lesezeichen
offering	Angebot, Opfer; anbietend
harsh	streng, herb, rau
spark	Funke; Funken sprühen
mercury	Merkur
wagon	Wagen, Waggon
disguise	Verkleidung, Verschleierung; verkleiden, verschleiern
container	Container, Behälter
shade	Schatten, Schattierung, Jalousie; schattieren, Schatten werfen
diploma	Diplom, Abschlusszeugnis
rope	Seil, Tau
in spite of	trotz, ungeachtet
counsel *PS* counseled *AE*/counselled *BE* *PP* counseled *AE*/counselled *BE* *VF* counseling *AE*/counselling *BE*	Rat(schlag), Rechtsanwältin, Rechtsanwalt; beraten, empfehlen

Vokabeln 4601 bis 4700

pleasure	Freude, Genuss, Vergnügen
sovereign	Souverän, Herrscher(in), Sovereign *BE*[Goldmünze]; höchste(r,s), oberste(r,s), souverän [Staat], unabhängig [Staat]
magical	magisch
finite	endlich, begrenzt
nominee	Kandidat(in)
stack	Stapel; stapeln
with respect to	in Bezug auf
many times	vielfach, oft
silence	Stille; zum Schweigen bringen
adoption	Adoption, Aneignung
firstly	erstens
screenplay	Drehbuch
denomination	Konfession, Stückelung [Geld]
Georgian	Georgier(in), Georgisch; georgisch
wide variety	große Vielfalt, reiches Angebot, breites Spektrum
curse	Fluch; fluchen, verfluchen
sensor	Sensor
Turk	Türkin, Türke
cheese	Käse
knot *PS* knotted *PP* knotted *VF* knotting	Knoten; (ver)knoten

conviction	Überzeugung, Verurteilung
simplify	vereinfachen
steep	steil
Lithuania	Litauen
vinyl	Vinyl
preside	den Vorsitz haben
mentor	Mentor(in)
ethics	Ethik, Sittenlehre
generator	Generator
arcade	Arkade, Laube
regent	Regent(in)
clone	Klon; klonen
irrelevant	bedeutungslos, irrelevant
goalkeeper	Torwart, Torfrau
locality	Gegend, Örtlichkeit, Lokalität
shed *PS* shed *PP* shed *VF* shedding	vergießen, verbreiten; Schuppen, Fabrikhalle *BE*
norm	Norm, Regel
ammunition	Munition
emigrate	auswandern, emigrieren
aside from	abgesehen von
afford	sich leisten, ermöglichen
Cyprus	Zypern
slavery	Sklaverei
steer	steuern, lenken
disrupt	unterbrechen
fraud	Betrug
Thursday	Donnerstag
Cuban	Kubaner(in); kubanisch
accounting	Buchhaltung, Buchführung
bronze medal	Bronzemedaille
insight	Einsicht
placement	Platzierung, Vermittlung [Arbeitskräfte]
hunter	Jäger(in)
impact on	einwirken auf
deprive	berauben, entziehen
furniture	Möbel
circus	Zirkus
auction	Auktion, Versteigerung; versteigern
anticipate	erwarten, vorausahnen, vorwegnehmen
lightning	Blitz; blitzschnell
maths *BE*, math *AE*	Mathe
most recently	in letzter Zeit
raider	Plünderer, Räuber(in)
pepper	Pfeffer, Paprika; pfeffern
killing	Töten, Mord; tötend

peasant	Landarbeiter, (armer) Bauer
Armenia	Armenien
march	Marsch; marschieren
crazy *KO* crazier *SU* craziest	verrückt, übergeschnappt
right now	im diesem Augenblick, gerade jetzt, sofort
Arabia	Arabien
just like	genau(so) wie
chaos	Chaos, Durcheinander
Filipino	Filipino, Philippiner(in); philippinisch
apologize [auch: apologise *BE*]	sich entschuldigen
annoy	ärgern, nerven
hostile	feindlich, feindselig
pistol	Pistole
roster	Dienstplan, Spielerliste
flagship	Flaggschiff
in common	gemeinsam
onwards	vorwärts, weiter
hometown	Heimatort, Vaterstadt, Geburtsort
bother	belästigen, stören; Mühe, Umstände
Judaism	Judaismus
thermal	thermisch, Thermal-, Wärme-
practitioner	Praktiker(in), praktische Ärztin, praktischer Arzt, Zahnärztin, Zahnarzt, Rechtsanwältin, Rechtsanwalt
holocaust	Holocaust, Massenvernichtung, Inferno
Jamaica	Jamaika
in accordance with	entsprechend, gemäß, in Übereinstimmung mit
cliff	Klippe
reconnaissance	Aufklärung
documentation	Dokumentation
lungs [auch: lung *BE*]	Lunge
scholarly	gelehrt, wissenschaftlich
clue	Anhaltspunkt, Hinweis
evaluation	Evaluierung, Beurteilung, Bewertung
as soon as	sobald
tobacco	Tabak
amend	verbessern, abändern, berichtigen

Vokabeln 4701 bis 4800

listener	Zuhörer(in), Hörer(in)
unnecessary	unnötig
builder	Baumeister, Erbauer(in)
salary	Gehalt, Lohn, Gage

embed *PS* embedded *PP* embedded *VF* embedding	einbetten
potter	Töpfer(in)
bread	Brot
aggregate	Aggregat, Gesamtsumme; angesammelt; (sich) anhäufen, ansammeln
trader	Händler(in), Wertpapierhändler(in)
rubber	Gummi, Radiergummi *BE*
arctic	arktisch
obligation	Verpflichtung, Verbindlichkeit, Obligation
attractive	attraktiv, anziehend
in practice	praktisch, in der Praxis
complexity	Komplexität
crucial	entscheidend, ausschlaggebend, wesentlich
Secretary of State	Außenminister(in) *AE*, Minister(in) *BE*
cooperative	kooperativ, hilfsbereit; Genossenschaft, Kooperative
European Union	Europäische Union
accent	Akzent, Betonung; akzentuieren, betonen
by-election	Nachwahl, Ergänzungswahl
cricketer	Kricketspieler(in)
comply	befolgen
mascot	Maskottchen, Talisman
calculation	Berechnung, Kalkulation
look like	aussehen wie, ähneln
tract	Abhandlung, Traktat, Landgebiet, Trakt
silver medal	Silbermedaille
worthy *KO* worthier *SU* worthiest	würdig
dear	lieb, teuer; Liebling
doom	Verhängnis; verdammen, verurteilen
wilderness	Wildnis
terror	Schrecken, Terror
preach	predigen
accredit	akkreditieren, anerkennen
accordingly	(dem)entsprechend
tier	Reihe, Lage [z. B. Container], Schicht
and so on	und so weiter
expertise	Fachkenntnis, Sachkunde, Expertise
invitation	Einladung, Aufforderung
presume	annehmen, vermuten
continuously	dauernd, stetig, ununterbrochen
melt *PS* melted *PP* melted/molten	schmelzen, tauen
quarter-final *BE*, **quarterfinal** *AE*	Viertelfinale
font	Schriftart, Font, Taufbecken
you'd	Abk. für: you had / you would
dense	dicht

locate	lokalisieren, ausfindig machen
assure	zusichern, versichern
reopen	wieder eröffnen
nucleus *PL* nuclei oder nucleuses	Kern, Nukleus
puzzle	Rätsel, Puzzle; verwirren, ein Rätseln sein
comparable	vergleichbar
integer	ganze Zahl; ganzzahlig
proximity	Nähe
instruct	instruieren, anleiten, unterweisen
compel *PS* compelled *PP* compelled *VF* compelling	nötigen, zwingen
someone else	jemand anderes
membrane	Membran
supervise	überwachen, beaufsichtigen, betreuen
confine	beschränken, begrenzen, einsperren
remnant	Rest, Überbleibsel
wrap *PS* wrapped *PP* wrapped *VF* wrapping	einpacken, (ein)wickeln; Verpackung, Umhang
handful	Handvoll
convey	übermitteln, mitteilen, vermitteln, befördern
divorced	geschieden
coincide	zusammentreffen, übereinstimmen
trivial	unbedeutend, trivial
powder	Puder, Pulver; pudern
familiar with	vertraut mit
scattered	verstreut
Geneva	Genf
discrimination	Diskriminierung, Benachteiligung, Unterscheidung
romance	Romanze, Romantik
ancestry	Abstammung, Herkunft
telescope	Teleskop, Fernrohr
cooking	Kochen; kochend
submission	Unterwerfung, Einreichung [z. B. Antrag]
everybody	jede(r), alle
barely	kaum, (ganz) knapp, spärlich
semifinal	Halbfinale
favourable *BE*, **favorable** *AE*	günstig, wohlwollend
sibling	Geschwister
pale	blass, bleich; erblassen, verblassen
take over	übernehmen
mathematician	Mathematiker(in)
ingredient	Bestandteil, Zutat, Ingredienz
referendum *PL* referenda oder referendums	Referendum, Volksabstimmung
boast	Prahlerei; prahlen, sich rühmen

reprint	Nachdruck; nachdrucken
excessive	übermäßig, exzessiv
dump	schütten, kippen; Müllkippe, Dump [Computer]
textile	Stoff, Gewebe; Textil-
country music	Countrymusik, Countrymusic
automate	automatisieren
darkness	Dunkelheit, Finsternis
lesbian	Lesbierin; lesbisch
pour	einschenken, gießen
publicity	Publizität, Öffentlichkeit
proud	stolz

Vokabeln 4801 bis 4900

withdrawal	Rückzug [auch sozialer], Entzug [Droge, Medikament], Abhebung [Geld]
after all	schließlich, letzten Endes
affiliation	Zugehörigkeit, Angliederung
vicinity	Nachbarschaft, Nähe
informal	formlos, zwanglos, informell
shake *PS* shook *PP* shaken	schütteln
point out	hinweisen, aufzeigen
bacterium *PL* bacteria	Bakterium, Bakterie
calm	ruhig; Ruhe, Flaute; beruhigen
compensation	Kompensation, Ausgleich, Entschädigung, Schadenersatz
boost	Auftrieb, Aufschwung, Steigerung; erhöhen, steigern, verstärken
freshman	Anfänger, Studienanfänger
surely	sicherlich
underground *BE*, **subway** *AE*	Unterführung *BE*, U-Bahn *AE*
bore	bohren, langweilen; Langweiler
jungle	Dschungel
dinosaur	Dinosaurier
testimony	Zeugenaussage
orphan	Waise(nkind)
ballad	Ballade, Lied
syndicate	Syndikat, Interessengemeinschaft
Olympic Games	Olympische Spiele
verifiable	nachprüfbar, nachweisbar, verifizierbar
audition	Hörprobe, Vorsingen, Vorspielen, Vortanzen, Vorsingen; vorsprechen, vorsingen, vorspielen, vortanzen
finalist	Finalist(in)
duplicate	Duplikat; duplizieren, verdoppeln
Winter Olympics	Olympische Winterspiele
notation	Notation, Bezeichnung
to the point	zum Wesentlichen, auf den Punkt

telegraph	telegrafieren; Telegraf
reactor	Reaktor
enact	erlassen [Gesetzt], aufführen [Theater]
fine arts	bildende Kunst
presidential election	Präsidentschaftswahl
defendant	Angeklagte(r)
freestyle	Freistil
analyst	Analyst(in)
trait	Eigenschaft, Merkmal
accelerate	beschleunigen
nursing	Krankenpflege, Pflege, Stillen; pflegerisch, stillend
openly	offen, öffentlich
streak	Streifen, Strähne
marsh	Sumpf(gebiet)
recreational	erholsam, Erholungs-
evident	evident, offensichtlich, augenscheinlich
on the right	rechts, auf der rechten Seite
everyday	(all)täglich, jeden Tag
entrepreneur	Unternehmer(in)
differential	unterschiedlich; Unterschied, Differenzial
overwhelming	überwältigend
endure	aushalten, ertragen
in advance	im Voraus
shallow	seicht, flach, oberflächlich
substantially	beträchtlich, wesentlich, substanziell
amazing	erstaunlich
auxiliary	Hilfskraft; Hilfs-, Zusatz-, unterstützend
canon	Kanon, Grundprinzip; kanonisch
end of the season	Saisonende
deceased	Verstorbene(r); verstorben
decay	Zerfall, Verfall; zerfallen, verfallen
Hindi	Hindi
Tuesday	Dienstag
canvas	Leinwand, Segeltuch
educator	Erzieher(in), Pädagoge, Pädagogin
correspondence	Korrespondenz, Schriftverkehr, Übereinstimmung, Entsprechung
loyalty	Loyalität, Treue
for the rest	im Übrigen, für den Rest
period of time	Zeitraum, Zeitabschnitt
pledge	Versprechen, Schwur; versprechen, schwören
on television	im Fernsehen
Jesuit	Jesuit; jesuitisch
panther	Panther
for a while	eine Zeitlang, für eine Weile

implication	Implikation, Folge(rung), Auswirkung
frog	Frosch
worry	Sorge; (sich) beunruhigen, (sich) sorgen
stint	Arbeitspensum, Arbeitsperiode, Pensum Teil; knausern, geizen
pastor	Pastor(in), Pfarrer(in)
reproduce	reproduzieren, (sich) fortpflanzen
prominence	Prominenz, Bekanntheit
Gaelic	gälisch; Gälisch
Estonia	Estland
wash	waschen; Wäsche, Waschen
trim *PS* trimmed *PP* trimmed *VF* trimming *KO* trimmer *SU* trimmest	trimmen, zurechtschneiden, stutzen; ordentlich, gepflegt; Zierleiste
Naples	Neapel
recreate	wiederherstellen, wieder erschaffen
Macedonia	Makedonien, Mazedonien
lucky *KO* luckier *SU* luckiest	vom Glück begünstigt
turn out	sich erweisen, sich herausstellen
Pakistani	Pakistaner(in), Pakistani; pakistanisch
simulation	Simulation, Vortäuschung
other side	Kehrseite, andere Seite
sculptor	Bildhauer(in)
fare	Fahrpreis
fictional character	Romanfigur, fiktive Figur
trailer	Anhänger, Wohnanhänger *AE*
scream	schreien; Schrei, Aufschrei
confederation	Konföderation, Staatenbund, Bündnis
magnitude	Größe, Größenordnung
bin *PS* binned *PP* binned *VF* binning	Behälter, Abfalleimer *BE*; wegwerfen

Vokabeln 4901 bis 5000

productive	ergiebig, produktiv
exterior	äußere; Außenseite, Äußere
altogether	im Ganzen, insgesamt
manipulate	manipulieren
swamp	überschwemmen, überfluten; Sumpf
pray	beten
miner	Bergarbeiter(in)
maize *BE*, **corn** *AE*	Getreide, Korn, Mais
skilled	ausgebildet, bewandert
technological	technologisch, technisch
tile	Fliese, Kachel, Ziegel, Platte; fliesen, kacheln
primitive	primitiv
disabled	behindert, kriegsversehrt, kampfunfähig, (dienst)untauglich

brilliant	brillant, glanzvoll, genial; Brillant
mutant	Mutation, Mutant(e); mutierend
captive	gefangen; Gefangene(r)
beside	neben, außer
deliberate	absichtlich, vorsätzlich, überlegt, bedächtig
grab *PS* grabbed *PP* grabbed *VF* grabbing	(er)greifen; Griff, Greifer
motto *PL* mottoes	Devise, Motto
deliberately	absichtlich, vorsätzlich, wissentlich
intervene	intervenieren, eingreifen
algebra	Algebra
explicit	explizit, ausführlich
integrity	Integrität, Unversehrtheit
pot *PS* potted *PP* potted *VF* potting	Topf, Kanne; eintopfen
revelation	Offenbarung, Enthüllung
paste	kleben, einkleistern; Kleister, Klebstoff, Teig, Brei, Paste
delegation	Abordnung, Delegation
diplomat	Diplomat(in)
Ecuador	Ecuador
playwright	Dramatiker, Bühnenautor
disciple	Schüler(in)
fool	Trottel; täuschen, betrügen; blöd
tragedy	Tragödie, Trauerspiel, Tragik
Presbyterian	Presbyterianer(in); presbyterianisch
infect	anstecken, infizieren
confusing	störend, unübersichtlich, verwirrend, verworren
turtle	Schildkröte
twist	Drehung, Twist; (ver)drehen
lengthy *KO* lengthier *SU* lengthiest	langwierig, langatmig
short story	Kurzgeschichte
translator	Übersetzer(in)
coat of arms	Wappen
Congo	Kongo
corrupt	korrupt, bestechlich; korrumpieren, bestechen
voluntary	freiwillig
whale	Wal(fisch)
ideology	Ideologie
trilogy	Trilogie
wreck	Wrack, Trümmer; zerstören, zertrümmern
Iceland	Island
feather	Feder
bankruptcy	Konkurs, Bankrott
motivate	motivieren, anspornen
allocate	zuteilen, zuweisen
correction	Berichtigung, Korrektur

specialty	Spezialität
thunder	Donner; donnern
disability	Behinderung, Invalidität
leak	Leck(age); auslaufen, entweichen
Copenhagen	Kopenhagen
inventor	Erfinder(in)
intensity	Intensität
tender	zart, zärtlich; Angebot, Offerte; anbieten, sich bewerben
aunt	Tante
constituent	verfassunggebend; Bestandteil
deed	Tat
motive	Beweggrund, Motiv
backup	Backup, Sicherung [Sicherung]
enclose	beifügen, umschließen
renovate	renovieren
flourish	schwungvolle Bewegung, Schnörkel; gedeihen, florieren
prolific	fruchtbar, produktiv
Bosnia	Bosnien
rapper	Rapper(in)
textbook	Lehrbuch
abstain	sich enthalten
forbidden	verboten
fur	Fell, Pelz
grape	Weintraube, Traube
prairie	Prärie
lean *PS* leant *BE*/leaned *PP* leant *BE*/leaned	hager, mager; Neigung, mageres Fleisch; (sich) (an)lehnen
omit *PS* omitted *PP* omitted *VF* omitting	auslassen
Slovenia	Slowenien
batsman	Schlagmann [beim Baseball]
punish	bestrafen, strafen
freshwater	Süßwasser-
slate	Kandidatenliste *AE*, Schiefer(tafel)
in the main	im Allgemeinen, im Großen und Ganzen, im Wesentlichen, größtenteils
viewpoint	Standpunkt, Gesichtspunkt, Aussichtspunkt
the White House	das Weiße Haus
crusade	Kreuzzug; einen Kreuzzug führen
bunch	Bund, Bündel, Büschel, Haufen [Menschen]; bündeln
hopefully	hoffnungsvoll
Malta	Malta
arguably	wohl
miracle	Wunder
carriage	Wagen, Kutsche, Transportkosten *BE*, Frachtkosten *BE*

systematic	systematisch

Vokabeln 5001 bis 5100

New Guinea	Neuguinea
sustainable	nachhaltig
neglect	vernachlässigen; Vernachlässigung, Nachlässigkeit
the plural	Plural, Mehrzahl
post-war *BE*, **postwar** *AE*	Nachkriegs-, nach dem Krieg
proceeds	Erlös, Ertrag, Einnahmen
outfit *PS* outfitted *PP* outfitted *VF* outfitting	Outfit, Kleidung; ausstatten
keeper	Aufpasser, Aufseher, Wärter
Brussels	Brüssel
correspondent	Korrespondent(in)
interim	vorläufig, Zwischen-; Interim
circa	zirka
revolve	(sich) drehen, kreisen
coordinator	Koordinator(in)
gig	Auftritt [Konzert]
defect	Defekt, Fehler; abtrünnig werden, überlaufen
skiing	Skifahren
portfolio	Portfolio, Wertpapierbestand
no matter	ganz gleich, egal
pave	(be)pflastern
wisdom	Weisheit
city center	Stadtzentrum
in relation to	in Bezug auf, im Vergleich zu
confess	bekennen, gestehen, zugeben, beichten
testify	bezeugen
lamp	Lampe
rational	rational, vernünftig
adequate	angemessen, adäquat
stay in	zu Hause bleiben
latitude	Breite
imprisonment	Haft
suspicion	Verdacht
school year	Schuljahr
superintendent	Superintendent(in), Leiter(in)
uncertain	ungewiss
overthrow *PS* overthrew *PP* overthrown	(um)stürzen; Umsturz
aeroplane *BE*, **airplane** *AE*	Flugzeug
Scot	Schotte, Schottin
fever	Fieber
custody	Sorgerecht, Obhut, Gewahrsam

prefix	Präfix, Vorsilbe
integrate	integrieren, eingliedern
Bavaria	Bayern
luxury	Luxus; luxuriös
albeit	wenngleich, obgleich, obschon
cultivate	kultivieren, [z. B. Beziehungen] pflegen
readily	bereitwillig
anybody	(irgend) jemand
New Year	Neujahr
altar	Altar
dislike	Abneigung; nicht mögen
general assembly	Generalversammlung, Hauptversammlung
talented	talentiert, begabt
run for	kandidieren für
triumph	Triumph; triumphieren
dolphin	Delphin
mild	mild
civil rights	Bürgerrechte
fraction	Bruchteil, Bruch [Mathematik], Fraktion
balloon	Ballon
keen	begeistert, scharf, eifrig
Baroque	Barock
hey	hallo
finale	Finale, Ausklang
incarnation	Inkarnation, Verkörperung
peaceful	friedlich
precedent	Präzedenzfall; vorhergehend
pretend	vortäuschen, heucheln
enlarge	vergrößern, erweitern
remake *PS* remade *PP* remade	Remake, Neuauflage, Neuverfilmung; erneuern, umarbeiten
Morocco	Marokko
speculate	spekulieren
stance	Standpunkt, Einstellung, Haltung
notorious	notorisch, berüchtigt
linguistic	linguistisch, sprachlich, sprachwissenschaftlich
smell *PS* smelt/smelled *PP* smelt/smelled	Geruch, Gestank; riechen, stinken, duften
tap *PS* tapped *PP* tapped *VF* tapping	Hahn, Stromabnehmer, Wasserhahn, Zapfhahn; anzapfen, klopfen
reliability	Zuverlässigkeit
honest	ehrlich, aufrichtig, redlich, ehrenwert
vacuum *PL* vacua	Vakuum; (ab)saugen
deadly *KO* deadlier *SU* deadliest	tödlich
teenage	jugendlich

cartridge	Kartusche, Kassette, Cartridge
spectator	Zuschauer(in)
bitter	bitter, verbittert
dirty *KO* dirtier *SU* dirtiest	dreckig, schmutzig; beschmutzen, verschmutzen, verunreinigen
Easter	Oster-; Ostern
fabric	Gewebe, Stoff, Struktur
deployment	Stationierung, Einsatz, Bereitstellung
defunct	verstorben
abortion	Abtreibung
Burma	Birma
shine *PS* shone/shined[alt] *PP* shone/shined[alt]	scheinen, leuchten, glänzen; Glanz, Leuchten
dare	wagen, sich trauen
certification	Zertifizierung, Beurkundung
comfort	Komfort, Gemütlichkeit, Trost; trösten
privacy	Privatsphäre, Privatleben, Geheimhaltung
basement	Untergeschoss, Kellergeschoss
spacecraft	Raumfahrzeug
firearm	Schusswaffe

Vokabeln 5101 bis 5200

full-length	in voller Länge
loud	laut
Indonesian	Indonesier(in), Indonesisch; indonesisch
wound	Wunde, Verwundung, Verletzung; verwunden, verletzen
stripe	Streifen
aesthetic *BE*, **esthetic** *AE*	ästhetisch
transformer	Transformator
pronunciation	Aussprache
promising	Erfolg versprechend, verheißungsvoll, vielversprechend, aussichtsreich
predator	Raubtier, Raubvogel, Fressfeind
excuse	Entschuldigung; entschuldigen
brewery	Brauerei
prevention	Prävention, Verhütung, Vorbeugung
at present	derzeit, gegenwärtig
nobility	Adel(sstand), Aristokratie, Vornehmheit
decommission	außer Betrieb setzen, stilllegen
unofficial	inoffiziell
synagogue	Synagoge
genuine	echt, unverfälscht
static	statisch, gleichbleibend, unveränderlich; atmosphärische Störung(en)
starter	Anlasser, Starter, Vorspeise

turbine	Turbine
tow	(ab)schleppen
nowadays	heutzutage
breakfast	Frühstück
herb	Kraut
accumulate	akkumulieren, ansammeln, anhäufen
collision	Kollision, Zusammenstoß
binary	binär
discourage	entmutigen, abhalten
bloody *KO* bloodier *SU* bloodiest	blutig, blutbefleckt, grausam
complement	Ergänzung, Komplement; ergänzen, komplementieren
apprentice	Auszubildende(r), Lehrling
grandmother	Großmutter, Oma
rainfall	Niederschlagsmenge
compatible	kompatibel, verträglich
underway	im Gange
leather	Leder
for the purpose of	zwecks, zum Zwecke
investigator	Ermittler(in)
taxi *PL* taxies	Taxi
Ethiopia	Äthiopien
burst *PS* burst/bursted *PP* burst/bursted	bersten, platzen; Bruch, Explosion
inspection	Inspektion, Überprüfung
opt	optieren, wählen, entscheiden
hostility	Feindseligkeit
speedway	Rennstrecke
battlefield	Schlachtfeld
abbreviate	abkürzen
availability	Verfügbarkeit
Jesus Christ	Jesus Christus
smash	zerschmettern, zertrümmern; Schmetterball [Tennis], Zusammenprall
chord	Akkord
categorize [auch: categorise *BE*]	kategorisieren, nach Kategorien ordnen, klassifizieren
contractor	Auftragnehmer(in), Vertragsnehmer(in)
swim *PS* swam *PP* swum *VF* swimming	schwimmen
fade	verblassen, erblassen, schwinden
silk	Seide
Baltic	baltisch, Ostsee-
increment	Inkrement, Zuwachsrate, Schrittweite
bubble	Blase, Luftblase; sprudeln, Blasen bilden
drift	driften, treiben; Drift, Strömung, Tendenz

alarm	Alarm; alarmieren
differently	unterschiedlich, verschieden
ceiling	Zimmerdecke, Höchstgrenze
chocolate	Schokolade
award-winning	preisgekrönt
marking	Markierung, Kennzeichnung
paradise	Paradies
poker	Poker, Schürhaken
hectare	Hektar
slogan	Slogan, Motto, Werbespruch
pulse	Puls; pulsieren
operating system	Betriebssystem
proponent	Befürworter(in), Verfechter(in)
potato *PL* potatoes	Kartoffel
excavation	Ausgrabung(sstätte), Baugrube
successive	aufeinanderfolgend
problematic	problematisch
burden	Bürde, Last, Belastung; belasten
burden	Bürde, Last; belasten, beladen
Roman Empire	Römisches Reich
inception	Beginn, Anfang
tumour *BE*, tumor *AE*	Tumor, Geschwulst
tumour *BE*, tumor *AE*	Tumor
specially	besonders
reasonably	vernünftig, ziemlich
reasonably	vernünftig
terrible	furchtbar, schrecklich
terrible	furchtbar, schrecklich
Slovakia	Slowakei
wheat	Weizen
wheat	Weizen
interfere	sich einmischen, eingreifen, interferieren
interfere	eingreifen, sich einmischen
vow	Schwur; geloben
naked	nackt, unbekleidet
anymore	noch mehr, noch etwas
critically	kritisch
feat	Kunststück

Vokabeln 5201 bis 5300

flesh	Fleisch (am Körper), Haut, Fruchtfleisch
arbitrary	willkürlich
confer *PS* conferred *PP* conferred *VF* conferring	übertragen
diagnose	diagnostizieren
prosecution	Strafverfolgung, strafrechtliche Verfolgung
bride	Braut
equality	Gleichheit
warehouse	Lager, Lagerhaus; einlagern
countryside	Landschaft
haunt	Treff; verfolgen
mob *PS* mobbed *PP* mobbed *VF* mobbing	Meute, Pöbel; anpöbeln, herfallen über
steady *KO* steadier *SU* steadiest	fest, zuverlässig; stabilisieren
scratch	improvisiert, zusammengewürfelt; Kratzer, Schramme; kratzen
aftermath	Nachwirkungen, Nachspiel
pleasant	angenehm
circulate	kreisen, umlaufen, umwälzen, zirkulieren
slam *PS* slammed *PP* slammed *VF* slamming	Aufschlagen, Knall, Zuknallen; zuknallen, zuschlagen
horizon	Horizont
tomorrow	morgen; Morgen
evacuate	evakuieren, räumen
instant	sofortig; Augenblick
printer	Drucker
heating	Heizung
fatal	tödlich
behave	sich benehmen, sich betragen
pollution	Umweltverschmutzung, Verschmutzung
jacket	Jacke
dose	Dosis; dosieren
hierarchy	Hierarchie
drown	ertrinken
differentiate	differenzieren
hostage	Geisel
comfortable	behaglich, bequem, gemütlich
vein	Ader
plug *PS* plugged *PP* plugged *VF* plugging	Stecker; dübeln, stecken, zustopfen
sad *KO* sadder *SU* saddest	schlimm, traurig
modest	anspruchslos, bescheiden
cloth	Stoff, Tuch
await	erwarten, abwarten

smile	Lächeln; lächeln
tonight	heute Abend, heute Nacht
projection	Projektion, Vorsprung
folding	faltend, zusammenklappbar
query	Frage, Rückfrage; abfragen
accurately	genau
sake	Sake
shout	Schrei, Zuruf; rufen, schreien
donor	Stifter(in)
boyfriend	Freund
exceptional	außergewöhnlich
machinery	Maschinen, Maschinerie
discount	Abzug, Rabatt; nachlassen, diskontieren
alignment	Ausrichtung,Angleichung
devise	ausdenken, ersinnen
yours	Ihre, deine, deiner
seminar	Seminar
momentum *PL* momenta oder momentums	Impuls, Moment
essence	Essenz, Wesen
vulnerable	verletzbar, verwundbar
interference	Beeinträchtigung, Störung
proceeding	Vorgang, Verfahren; fortschreitend
annoyed	genervt, verärgert
fitness	Tauglichkeit
weakness	Schwachheit, Schwäche
chef	Chefkoch, Küchenchef
motivation	Motivation
supervision	Überwachung
harassment	Beunruhigung
fiscal	fiskalisch, steuerlich
wonderful	wunderbar, wundervoll
elderly	ältlich; Alten
nail	Nagel; nageln
everywhere	überall
constraint	Zwang
intact	unbeschädigt
detection	Entdeckung
worm	Wurm; zwängen
prevalence	Verbreitung, Häufigkeit
menu	Menü
stall	Bude, Stand; hinauszögern, überziehen
obstacle	Hindernis
pad *PS* padded *PP* padded *VF* padding	Polster, Unterlage; auspolstern, füllen

leap *PS* leaped/leapt *PP* leaped/leapt   Satz, Sprung; springen
hollow   hohl; hohl; Höhle
float   Floß; schweben, gleiten
offend   beleidigen
determination   Bestimmung, Entschlossenheit
diminish   vermindern
thrive *PS* throve/thrived   gedeihen, florieren, aufblühen
PP thriven/thrived
thief *PL* thieves   Dieb
sceptical   skeptisch
diagnosis *PL* diagnoses   Diagnose
eternal   ewig
passport   Pass, Reisepass
curious   merkwürdig, neugierig
insider   Insider(in), Eingeweihte(r)
uphold *PS* upheld *PP* upheld   aufrechterhalten
conception   Empfängnis
ink   Druckerschwärze, Tinte; einfärben, mit Tinten be-
schmieren
occurrence   Ereignis

Vokabeln 5301 bis 5400

set-up *BE*, **setup** *AE*   Apparat, Drum und Dran, Geräte, Organisation,
Umstände, Zubehör
courage   Mut
pile   Haufen, Pfahl, Stoß; stapeln
prediction   Prophezeiung, Voraussage
dramatically   auf dramatische Art und Weise, dramatisch, pathetisch
pension   Pension; pensionieren
ought   sollen
mood   Stimmung
displace   verschieben
silly *KO* sillier *SU* silliest   albern; Dussel
balanced   ausgeglichen
memorable   denkwürdig
infamous   schändlich
disadvantage   Benachteiligung, Nachteil, Schaden
provoke   herausfordern, provozieren
liver   Leber
plead *PS* pleaded/pled *AE*   plädieren
PP pleaded/pled *AE*
nut   Nuss, Schraubenmutter
tenant   Mieter(in), Pächter(in)
sovereignty   Souveränität

skip *PS* skipped *PP* skipped *VF* skipping	Sprung; hüpfen, springen, überspringen
reproduction	Reproduktion, Wiedergabe
indicator	Indikator
lunch	Mittagessen; zu Mittag essen
ironically	ironisch
threshold	Schwelle
weave *PS* wove *PP* woven/wove	Bindung, Gespinst, Gewebe, Webart; weben
spectacular	atemberaubend, eklatant, spektakulär
beg *PS* begged *PP* begged *VF* begging	betteln, bitten
fantastic	phantastisch
mercy	Barmherzigkeit, Gnade
flexible	anpassungsfähig, biegsam, flexibel
summarize	zusammenfassen
useless	nutzlos, unnütz, zwecklos
seventeen	siebzehn
theft	Diebstahl
wholly	ganz, völlig
stupid	dumm
honey	Honig, Liebling
ethical	ethisch, moralisch
sophisticated	anspruchsvoll, hoch entwickelt, ausgeklügelt
helmet	Helm
misleading	irreführend
healthcare	Gesundheitsfürsorge, Gesundheitspflege, Gesundheitswesen
quotation	Kostenvoranschlag, Notierung, Preisangabe, Quotierung, Spruch
encouraging	ermutigend
smoking	rauchend; Rauchen
probe	Sonde; erforschen, sondieren
homeless	heimatlos
continually	andauernd, laufend
inmate	Insasse
vague	undeutlich
panic *PS* panicked *PP* panicked *VF* panicking	Panik; in Panik geraten
courtesy	Höflichkeit
desperate	verzweifelt
holiday *BE*, **vacation** *AE*	Ferien, Urlaub; Ferien machen, Urlaub machen, urlauben
parental	elterlich, mütterlicher-/väterlicherseits
evolutionary	evolutionär
nowhere	nirgends, nirgendwo
cognitive	kognitiv
proposition	Vorschlag

necessity	Bedürfnis, Notwendigkeit
accomplishment	Vollbringung, Vollendung
vanish	verschwinden
persist	beharren, fortdauern
sixty	sechzig
feminist	Frauenrechtler(in)
justification	Blocksatz, Justierung
pregnancy	Schwangerschaft
stimulate	anregen, stimulieren
alike	ähnlich; gleich
nervous	nervös
confession	Bekenntnis, Geständnis
cope	schaffen, die Lage meistern
restrict	einschränken
prosecutor	Ankläger(in), Kläger(in)
password	Kennwort, Passwort
longtime	langjährig
fierce	grimmig, heftig, wild
advertise	ankündigen, anzeigen, annoncieren, inserieren
racing	Rennen, Wettrennen
impressed	beeindruckt, fasziniert
voting	Abstimmung, Wählen; wählend
symbolic	symbolisch
sweet[s] *BE*, candy *AE*	Bonbon, Kandis; kandieren
militant	kämpferisch; Kämpfer(in)
colourful *BE*, colorful *AE*	farbenfreudig
weird	sonderbar, komisch, unheimlich
genius *PL* genii	Genie
packet	Paket
pipeline	Pipeline, Rohrleitung
contend	behaupten, argumentieren, streiten
minimize	minimieren
prejudice	Voreingenommenheit, Vorurteil
mud	Schlamm, Schmutz
columnist	Kolumnist
admire	bewundern
chronic	chronisch
dairy	Molkerei
complication	Komplikation

Vokabeln 5401 bis 5500

dedication	Widmung
whereby	wodurch
ambition	Ehrgeiz

genocide	Völkermord
frozen	gefroren
supervisor	Aufseher(in), Doktorvater, Doktormutter
adhere	anhaften, haften, kleben
timing	Timing, Zeiteinteilung
brush	Bürste, Pinsel; bürsten, fegen
satisfied	befriedigt, zufrieden
rent	Miete, Pacht; mieten, pachten, vermieten
supermarket	Supermarkt
frighten	erschrecken, Angst einjagen
manifest	offenbar, offenkundig; Manifest; bekunden, manifestieren, sich offenbaren
autonomy	Autonomie
analyse *BE*, **analyze** *AE*	analysieren
intensive	intensiv
realistic	realistisch
unite	einigen, sich vereinigen, vereinigen
grip *PS* gripped *PP* gripped *VF* gripping	Griff, Griffigkeit, Heft; fassen, packen
wander	Bummel, Spaziergang; wandern
humanitarian	humanitär
regulatory	regulativ
lip	Lippe
toxic	giftig
buddy	Kamerad, Kumpel
precision	Exaktheit, Genauigkeit, Präzision
bare	bloß, knapp; entblößen, freimachen
hazard	Gefahr, Risiko; aufs Spiel setzen, riskieren
shocked	erschüttert, geschockt, schockiert
throat	Gurgel, Hals, Kehle, Rachen
trigger	Auslöser; auslösen
stab *PS* stabbed *PP* stabbed *VF* stabbing	Stich; stechen
illusion	Illusion, Täuschung
mortgage	Hypothek; hypothekarisch belasten, verpfänden
odds	Chancen
sentiment	Gefühl, Stimmung
whip *PS* whipped *PP* whipped *VF* whipping	Peitsche; auspeitschen
premium	Bonus, Prämie
immune	gefeit
jewellery *BE*, **jewelry** *AE*	Schmuck
cake	Kuchen, Stück; (zusammen)backen
recount	erzählen
betray	verraten

racist	rassistisch; Rassist
guerrilla	Guerilla, Guerillakämpfer(in)
suspicious	argwöhnisch, misstrauisch, verdächtig
accommodation	Unterkunft
mandatory	obligatorisch
pathway	Pfad, Verlauf, Weg
newsletter	Mitteilungsblatt
critique	Kritik
injection	Injektion
effectiveness	Wirksamkeit
large-scale	groß angelegt, umfangreich
insufficient	ungenügend
litre *BE*, **liter** *AE*	Liter
strive *PS* strove/strived *PP* striven/strived	(er)streben
humorous	humoristisch, humorvoll
asylum	Asyl
shareholder	Aktionär
recipe	Rezept
well-being	Wohlgefühl, Wohlbefinden
desktop	Arbeitsfläche, Desktop, Schreibtisch
governance	Führung, Governance, Regierungsgewalt, Staatsführung
pleased	erfreut, zufrieden
leisure	Muße, Freizeit
screw	Schraube; schrauben
detention	Arrest, Haft, Nachsitzen, Verwahrung
lift *BE*, **elevator** *AE*	Aufzug
sponsorship	Bürgschaft, Förderung, Patenschaft, Schirmherrschaft
comparative	vergleichend; Komparativ, Steigerung
imagination	Einbildung, Vorstellung
tired	müde
bedroom	Schlafzimmer
drunk	betrunken; Betrunkene, Sauferei
racism	Rassismus
gym	Gymnastik
surveillance	Überwachung
simulate	simulieren, vortäuschen
dirt	Dreck, Schmutz
cooperate	zusammenarbeiten
unveil	enthüllen
protective	Schutz-, beschützend, schützend
ambitious	anspruchsvoll, ehrgeizig
cheat	Betrug, Betrüger; betrügen, mogeln
persistent	beharrlich, ständig
toe	Zehe

strand	Strand, Strang, Strähne; stranden
breakdown	Zusammenbruh, Ausfall
shortage	Knappheit, Mangel
blonde	blond; Hellhaarige
confrontation	Gegenüberstellung
overturn	umstürzen
breakthrough	Durchbruch
formulate	formulieren
meditation	Meditation, Nachdenken
unexpected	unerwartet, unverhofft, unvorhergesehen
limb	Körperglied, Ast
stark	krass, rein, schier

Vokabeln 5501 bis 5600

subscription	Abonnement
matching	passend, zusammengehörig, übereinstimmend; Abstimmung
enthusiast	Schwärmer(in)
approve	billigen, genehmigen
endeavour *BE*, **endeavor** *AE*	Anstrengung, Bemühung, Bestrebung; bestrebt sein, sich anstrengen, sich bemühen
subtle	fein, raffiniert, subtil
conceal	verbergen
CD	CD (Abkürzung für Compact Disc)
relieved	erleichtert, befreit
retired	pensioniert, im Ruhestand
thrilled	begeistert, erfreut
invoke	aufrufen
rehabilitation	Rehabilitation, Sanierung
prescribe	vorschreiben
invisible	unsichtbar
methodology	Methodologie
decisive	entscheidend
refusal	Ablehnung, Absage, Weigerung
sandwich	Sandwich
yesterday	gestern; Gestern
forbid *PS* forbade/forbad/forbid *AE* *PP* forbidden/forbid *AE* *VF* forbidding	verbieten
acute	akut, heftig, intensiv, scharf
greet	begrüßen, grüßen
hi	hallo, hi
thumb	Daumen; beschmutzen, durchblättern
fry	Barbecue, Setzling, kleine Fische; braten
tablet	Tablette, Täfelchen
discourse	Abhandlung, Diskurs; sprechen

juice	Saft
medication	Medikation
instantly	augenblicklich, sofort
meantime	inzwischen
compliance	Nachgiebigkeit, Willfährigkeit
spill *PS* spilled/spilt *PP* spilled/spilt	Sturz; verschütten
decent	anständig
selective	selektiv, trennscharf
screening	Abschirmung
tent	Zelt
lovely *KO* lovelier *SU* loveliest	schön, hübsch
surprising	überraschend
validity	Gültigkeit
viable	brauchbar, durchführbar, realisierbar
audit	Audit, Rechnungsprüfung, Revision; prüfen
regret *PS* regretted *PP* regretted *VF* regretting	Bedauern; bedauern, bereuen
charm	Anmut, Charme; bezaubern
ecological	ökologisch
passive	passiv, untätig; Passiv
steadily	ununterbrochen
forecast *PS* forecast/forecasted *PP* forecast/forecasted	Vorhersage; vorhersagen
wipe	abstreifen, abtrocknen, abwischen, wischen
isolation	Absonderung
thoroughly	durch und durch, gründlich
caution	Vorsicht, Warnung; ermahnen, (ver)warnen
dispose	anordnen
commodity	Ware
concession	Konzession, Zugeständnis
penny *PL* pence	Groschen, Penny, Pfennig
surgical	chirurgisch
probable	vermutlich, wahrscheinlich
umbrella	Regenschirm, Schirm
denounce	brandmarken
organizational	organisatorisch
tomato *PL* tomatoes	Tomate
needle	Nadel; piesacken, ärgern
texture	Gewebe, Struktur
behavioural *BE*, **behavioral** *AE*	Verhaltens-
happiness	Fröhlichkeit, Glück
robbery	Raub
toilet	Toilette
inventory	Inventar
part-time	Teilzeit-

bleed PS bled PP bled	bluten, schröpfen
hunting	Jagen, Jagd; jagend
dad	Papa, Paps, Vati
tolerance	Toleranz
reluctant	widerwillig
attachment	Befestigung
forgive PS forgave PP forgiven	vergeben, verzeihen
overnight	Nacht-; von heute auf morgen, während der Nacht, über Nacht
organizer	Organisator(in), Veranstalter(in)
ambulance	Ambulanz, Krankenwagen
stomach	Magen; vertragen
rip PS ripped PP ripped VF ripping	Riss; reißen
cop PS copped PP copped VF copping	Bulle, Büttel, Polizist; ertappen
convenient	bequem, komfortabel, passend
worried	besorgt
ridiculous	lächerlich
outdoors	im Freien, draußen
disclose	aufdecken, enthüllen
distress	Bedrängnis, Elend, Not; Kummer machen, Sorge bereiten, betrüben
spice	Gewürz; würzen
foreigner	Ausländer(in)
convenience	Annehmlichkeit
monopoly	Monopol
inflation	Inflation
press stud BE, **snap** AE PS snapped PP snapped VF snapping	spontan; Schnappschuss; schnappen
beverage	Getränk
garden BE, **lawn** AE	Rasen
inherent	angeboren, inhärent
inability	Unfähigkeit

Vokabeln 5601 bis 5700

firmly	fest
bounce	Aufprall, Rückprall; springen, hüpfen
carpet	Teppich; mit Teppich auslegen
beloved	geliebt; Geliebte
whatsoever	was auch immer
cigarette	Zigarette
leaflet	Broschüre, Flugblatt
o'clock	Uhr (als Zeitabgabe)
psychologist	Psychologe
conscious	bewusst
unemployment	Arbeitslosigkeit

coordination	Koordination
confirmation	Bestätigung
disposal	Anordnung, Beseitigung, Verfügung
banana	Banane
discard	ablegen
coloured *BE*, **colored** *AE*	angemalt, bunt, farbig, vorgefärbt
privatization	Privatisierung
beef *PL* beeves	Rindfleisch, Rind, Beschwerde
vulnerability	Verletzlichkeit, Verwundbarkeit
bizarre	bizarr, phantastisch, seltsam, wunderlich
prosecute	belangen, strafrechtlich verfolgen
multiply	multiplizieren
concede	einräumen, zugeben, zugestehen
precious	kostbar
divert	ableiten, umleiten
subscriber	Abonnent(in), Teilnehmer(in)
ugly *KO* uglier *SU* ugliest	hässlich
broadly	breit
compensate	ausgleichen, kompensieren
felony	Verbrechen, Straftat
sympathy	Anteilnahme, Mitgefühl, Mitleid, Sympathie
applicant	Antragsteller(in), Bewerber(in)
cater	Lebensmittel liefern
glove	Handschuh
plea	Bitte, Einspruch, Gesuch
kidney	Niere
vitamin	Vitamin
meaningful	bedeutsam, sinnvoll, viel sagend
nightmare	Alptraum
institutional	institutionell
definite	bestimmt, eindeutig
undermine	untergraben
deteriorate	sich verschlechtern, verfallen
beneficiary	Begünstigte®, Nutznießer(in)
secondly	zweitens
unconscious	besinnungslos, unbewusst; Unbewusste
consistency	Konsistenz, Vereinbarkeit
ladder	Laufmasche, Leiter
transparent	durchsichtig
widen	erweitern
endorsement	Befürwortung
imagery	Metaphorik
soup	Suppe
uncertainty	Ungewissheit, Unsicherheit
embarrassing	peinlich, unangenehm

ah	ah (Ausdruck des Erstaunens)
frustrated	frustriert
spine	Rückgrat
exotic	exotisch
toss	Wurf; werfen
unacceptable	unannehmbar
breath	Atem, Atemzug, Hauch
compute	berechnen
youngster	junger Mensch, Jugendliche(r)
pavement *BE*, **sidewalk** *AE*	Gehweg, Bürgersteig
freeze *PS* froze *PP* frozen	Stopp; einfrieren, frieren
heel	Absatz, Ferse; krängen
AIDS	AIDS (Abkürzung für Acquired Immune Deficiency Syndrome = erworbene Immunschwächeerkrankung)
dictate	Diktat; diktieren
obsess	obsessieren, sich besessen beschäftigen
rental	Miete, Pacht
hobby	Hobby
intake	Aufnahme, Einlass
incredible	unglaubhaft, unglaublich
sauce	Frechheit, Soße
relevance	Relevanz
lottery	Lotterie
damaging	abträglich, schädlich; Verdunklung
swallow	Schwalbe; schlucken, verschlucken
intimate	intim, vertraut; Vertraute, intimate; andeuten
prosperity	Prosperität, Wohlstand
prevail	überwiegen
distract	ablenken
tolerate	dulden, vertragen, zulassen
oblige	verpflichten, zwingen
sexuality	Sexualität
casual	beiläufig, zufällig, gelegentlich; Gelegenheitsarbeiter
camping	Camping
heighten	erhöhen, steigern
laptop	Laptop
magnificent	großartig, herrlich, prächtig
spokesman	Sprecher
mobility	Beweglichkeit
alcoholic	alkoholisch; Alkoholiker(in)
convincing	überzeugend; Überzeugung
incentive	Anreiz
verbal	mündlich, wörtlich
rejection	Ablehnung, Abstoßung

sophomore *AE*	Zehntklässler(in), Schüler(in)/Student(in) im zweiten Jahr

Vokabeln 5701 bis 5800

dominance	Herrschaft
compulsory	obligatorisch
slice	Schnitte, Stück, Teil; schneiden
beneficial	heilsam, nützlich, segensreich
emergence	Aufgang, Aufkommen, Entstehung
tremendous	fürchterlich, gewaltig, schrecklich
stair	Stufe
rude	unanständig, unhöflich
kindergarten	Kindergarten
exciting	aufregend, erregend
obesity	Fettleibigkeit, Adipositas
desirable	begehrenswert, wünschenswert
excitement	Aufregung, Begeisterung
pharmacy	Apotheke
spectacle	Spektakel, Schauspiel
deficit	Defizit, Fehlbetrag
adjustment	Anpassung, Justierung
appreciation	Würdigung, Wertsteigerung
inflict	zufügen
inclined	geneigt
authentic	authentisch
gentle	leise, mild, sanft, sanftmütig, zahm
glad *KO* gladder *SU* gladdest	freudig, froh
shower	Dusche, Schauer; überschütten
suck	saugen
curved	gebogen, geschwungen, gewölbt, verkrümmt
analogy	Analogie
incarcerate	inhaftieren, einsperren
contender	Bewerber(in)
policeman	Polizist
injured	verletzt, verwundet
inadequate	mangelhaft, unangemessen, unzulänglich
gesture	Gebärde, Geste; gestikulieren
disappointed	enttäuscht
offender	Täter(in)
crude	grob, roh; Rohöl
devastate	verwüsten
offspring	Nachkomme
sympathetic	mitfühlend, sympathisch
sensitivity	Empfindlichkeit

absurd	absurd, sinnlos, unsinnig
tragic	tragisch
addiction	Sucht
harmful	abträglich, schädlich
shame	Scham, Schande; Schande machen, beschämen
expenditure	Aufwand, Aufwendung
immense	unermesslich, ungeheuer
consultation	Beratung
escalate	eskalieren
wow	wow, beeindruckend
unfortunate	unglückselig; Arme(r), Unglückliche(r)
buffer	Puffer, Prellbock, Zwischenspeicher
enthusiasm	Begeisterung
psychiatric	psychiatrisch
erupt	ausbrechen
hatred	Hass
upstairs	oben, im Obergeschoss
manipulation	Manipulation
wool	Wolle
nursery	Kinderzimmer
sensation	Aufsehen, Sensation
fancy *KO* fancier *SU* fanciest	ausgefallen; Laune, Phantasie; glauben, meinen, sich einbilden
profound	profund
stir *PS* stirred *PP* stirred *VF* stirring	Aufruhr, Eklat; rühren, sich regen, sich rühren
stranger	Fremde, Unbekannte
surge	Brandung, Spannungsstoß; wogen
correlation	Korrelation, Wechselbeziehung
indirect	indirekt
niche	Nische
glimpse	flüchtiger Blick, Blick erhaschen
frustration	Frustration
detain	aufhalten, festhalten, sistieren, zurückhalten
unfair	unfair, ungerecht
hunger	Hunger; hungern
noon	Mittag
marginal	Rand-, geringfügig, marginal
exploitation	Ausbeutung
countless	zahllos
dentist	Zahnarzt,Zahnärztin, Zahnmediziner(in)
apparatus *PL* apparatus oder apparatuses	Apparat, Gerät
unhappy *KO* unhappier *SU* unhappiest	unglücklich, unzufrieden
lonely *KO* lonelier *SU* loneliest	einsam

inhibit   hemmen, hindern, sperren
visa   Visum
trillion   Billion
wherever   wo bloß, wo nur; wo auch immer, wo immer
flour   Mehl
shrink *PS* shrank/shrunk   schrumpfen; Seelenklempner(in)
PP shrunk/shrunken

guilt   Schuld
basket   Korb
flaw   Fehler, Mangel
metaphor   Metapher
bake   backen
smartphone   Smartphone, Mobiltelefon
butter   Butter; (mit Butter) bestreichen, schmieren
epidemic   epidemisch; Epidemie, Seuche
brutal   brutal
surplus   überschüssig, überzählig; Überschuss
spoon   Löffel
nineteen   neunzehn

Vokabeln 5801 bis 5900

depressing   deprimierend, bedrückend
boil   kochen, sieden; Eiterbeule, Geschwür
conserve   erhalten
contention   Streit
whoever   wer auch immer; irgendwer
halfway   halb
unprecedented   beispiellos
deficiency   Mangel, Unzulänglichkeit
confident   zuversichtlich, überzeugt, vertrauensvoll
curtain   Gardine, Vorhang; mit Vorhängen ausstatten
aspire   (er)streben
adverse   feindlich, widrig
endless   endlos
risky *KO* riskier *SU* riskiest riskant, gefährlich
cookie   Keks
globalization   Globalisierung, weltweite Verflechtung
denial   Verweigerung
inquire   nachfragen, erkundigen
grasp   Griff; begreifen, erfassen, ergreifen, fassen, greifen, pa-
                                     cken
obey   befolgen, gehorchen
debris   Trümmer
destructive   destruktiv, zerstörend; Vernichtungsvermögen

profitable	nutzbringend, vorteilhaft
articulate	deutlich, klar, leicht verständlich; artikulieren
distort	verdrehen, verzerren
forthcoming	bevorstehend
inject	einspritzen, injizieren
shatter	zerrütten, zerschlagen, zerschmettern
verdict	Spruch, Urteilsspruch
lawmaker	Gesetzgeber(in), Abgeordnete(r)
stove	Herd, Ofen
blanket	Decke, Wolldecke; zudecken
humble	bescheiden, demütig, gering, niedrig; demütigen, erniedrigen
trauma *PL* traumata	Trauma
cruel	grausam
capitalism	Kapitalismus
midst	Mitte
drought	Dürre, Trockenheit
greenhouse	Gewächshaus
devote	widmen
stimulus *PL* stimuli	Anregung
stereotype	Klischee, Stereotyp; stereotypisieren
nod *PS* nodded *PP* nodded *VF* nodding	nicken; Kopfnicken
allege	behaupten
deadline	Stichtag
appropriately	passend
dismissal	Entlassung
tin *PS* tinned *PP* tinned *VF* tinning	Dose, Konservenbüchse; eindosen
goodbye	Lebewohl
outsider	Außenseiter(in)
lifelong	lebenslang
credibility	Glaubwürdigkeit
postpone	verschieben
breathing	Beatmung, Atmen
skirt	Rock; tangieren
premise	Prämisse
generous	freigebig, großzügig
bargain	Handel, Schnäppchen; feilschen, handeln
inevitable	unabwendbar, unvermeidlich
disappointing	enttäuschend
frankly	freiheraus, offen
inequality	Ungleichheit
elegant	elegant
flexibility	Anpassungsfähigkeit, Flexibilität
shy *KO* shrubbier *SU* shyest	scheu, schüchtern; Wurf; scheuen

outrage	Ausschreitung, Gräueltat, Ärgernis; empören, entrüsten
furious	grimmig, wild, wütend
entertain	bewirten, unterhalten
dignity	Würde
scrutiny	Untersuchung
exclusion	Ausschluss
incredibly	unglaublich
wit	Verstand, Witz
creativity	Kreativität
disastrous	katastrophal
anxious	besorgt, ängstlich
lemon	Zitronen-; Zitrone
enthusiastic	begeistert, enthusiastisch
garbage	Abfall
grateful	dankbar, erkenntlich
exert	anwenden, gebrauchen
discretion	Diskretion, Verschwiegenheit
candle	Kerze
awesome	genial, großartig, beeindruckend
credible	glaubhaft, glaubwürdig
clarity	Klarheit
patience	Ausdauer, Geduld
linger	verweilen, sich aufhalten
empower	ermächtigen
activation	Aktivierung
spouse	Gatte
shelf *PL* shelves	Brett, Regal
ideological	ideologisch
bathroom	Bad, Badezimmer
polite	höflich
gallon	Gallone
excited	aufgeregt
blessing	Einsegnung, Segen, Segnung
anxiety	Angst, Besorgnis, Ängstlichkeit
gaze	starren, Blick

Vokabeln 5901 bis 6000

fond	zärtlich
imaginary	imaginär
overly	allzu, übermäßig
satisfaction	Befriedigung, Genugtuung
congratulate	gratulieren, beglückwünschen
salad	Salat
stabilize	stabilisieren

ego	Ego, Ich
tighten	straffen, festziehen
grocery	Lebensmittelgeschäft
ourselves	uns
assurance	Versicherung, Zusicherung
outlook	Ausblick, Aussichten
likelihood	Wahrscheinlichkeit
dip *PS* dipped *PP* dipped *VF* dipping	eintauchen
passionate	leidenschaftlich
envelope	Briefumschlag, Hülle, Kuvert
sheer	bloß, rein; jäh, senkrecht, steil
stumble	stolpern
onion	Zwiebel
utterly	total, völlig, zutiefst, äußerst
sadly	traurig
painful	peinlich, schmerzhaft, schmerzlich
rhetoric	phrasenhaft, rednerisch, rhetorisch; Redekunst, Rhetorik
aide	Helfer(in), Hilfskraft
costly *KO* costlier *SU* costliest	aufwendig, kostspielig
workplace	Arbeitsplatz
dessert	Nachtisch, Dessert
productivity	Leistungsfähigkeit, Produktivität
recruitment	Verstärkung
lethal	tödlich
cue	Stichwort; das Stichwort geben
hers	ihre, ihr
dictator	Diktator(in)
robust	kräftig, stabil, widerstandsfähig
landlord	Hausherr, Vermieter
solidarity	Solidarität
eager	begierig, eifrig
clever	geschickt, klug
fundraising	Beschaffung von Geldmitteln, Geldbeschaffung, Spendensammlung, Werbung zur Zeichnung von Fonds
yell	Aufschrei, Schrei; schreien
embody	verkörpern
pill	Pille; fusseln
empirical	empirisch
allocation	Zuteilung, Zuweisung
misery	Elend, Leid
morality	Moral, Sittlichkeit
straightforward	aufrichtig, einfach, unkompliziert
ignorance	Unwissenheit
disappointment	Enttäuschung
optimistic	optimistisch

protester	Demonstrant, Protestierende(r), Protestler
accountable	verantwortlich, zur Rechenschaft zu ziehen
accountant	Buchhalter(in)
adequately	hinlänglich, hinreichend
contradiction	Widerspruch
nickel	Nickel
predictable	vorhersehbar, berechenbar
substitution	Ersatz
exaggerate	aufbauschen, übertreiben
seldom	selten
chop *PS* chopped *PP* chopped *VF* chopping	Hacken, Kotelett; hacken
spoil *PS* spoilt *BE* /spoiled *PP* spoilt *BE* /spoiled	verderben, verwöhnen
peculiar	eigen, eigenartig
residue	Rest, Rückstand
conscience	Gewissen
intensify	verstärken
sceptical *BE*, **skeptical** *AE*	skeptisch, skeptizistisch, zweiflerisch
slash	Schnitt, Schrägstrich; aufschlitzen, zerfetzen
broadband	Breitband; breitbandig
mom	Mama, Mutti
affordable	erschwinglich
fortunately	glücklicherweise
hopeful	hoffnungsvoll, zuversichtlich
enjoyable	angenehm, erfreulich, amüsant, unterhaltsam, angenehm
laughter	Gelächter, Lachen
glance	Blick, flüchtiger Blick; blicken
incur *PS* incurred *PP* incurred *VF* incurring	auf sich ziehen, eingehen, erleiden
slap *PS* slapped *PP* slapped *VF* slapping	Klaps, Schminke; schlagen, klatschen
competent	sachkundig
capitalist	kapitalistisch; Kapitalist(in)
nutrition	Ernährung
apparel *PS* appareled *AE*/apparelled *BE* *PP* appareled *AE*/apparelled *BE*	Kleidung, Bekleidung; kleiden
delicious	köstlich, lecker
pencil	Bleistift
happily	fröhlich, glücklicherweise
inspect	beschauen, besichtigen, inspizieren, kontrollieren, prüfen
bail	Kaution, Bürgschaft, Bürge; bürgen
amid	inmitten, mitten drin, mitten unter
affection	Zuneigung
jeans	Jeans, Denim

subsidy	Subvention
soak	einweichen, tränken
overwhelm	überwältigen
enrich	anreichern
pants	Hose, Unterhose
applaud	applaudieren, klatschen
ankle	Knöchel
questionnaire	Fragebogen, Umfrage
trash	Abfall, Kitsch, Schund; wegwerfen

Vokabeln 6001 bis 6100

honesty	Ehrlichkeit, Aufrichtigkeit
awkward	umständlich, schwerfällig, unbeholfen, ungeschickt, unangenehm
supportive	stützend
coincidence	Fügung, Übereinstimmung, Zusammentreffen
marketplace	Marktplatz
prospective	angehend, künftig, prospektiv, voraussichtlich, zukünftig
entertaining	unterhaltend
regulator	Regler
T-shirt	T-Shirt
fortunate	glücklich, begünstigt
nasty *KO* nastier *SU* nastiest	garstig, hässlich, scheußlich, unangenehm
efficiently	gut, rationell, tüchtig
firework	Feuerwerksartikel, Feuerwerkskörper
correlate	Korrelat; korrelieren, sich entsprechen, zueinander in Beziehung stehen
transcript	Abschrift, Kopie
incarceration	Inhaftierung, Gefängnisstrafe
dull	langweilig, dumm, trübe; abschwächen, trüben
theirs	ihr/ihrer/ihriges
earnings	Einkünfte, Verdienst
maximize	maximieren
cautious	vorsichtig, behutsam
ninety	neunzig
scare	Hysterie, Schrecken; erschrecken, aufschrecken
quietly	ruhig
scary *KO* scarier *SU* scariest	beängstigend, furchterregend
fabulous	sagenhaft, fantastisch, großartig
lively *KO* livelier *SU* liveliest	lebendig, lebhaft
bye	Tschüss, Auf Wiedersehen
undoubtedly	zweifellos
remarkably	bemerkenswert
crawl	Kraul; kriechen

ice cream	Speiseeis
wrist	Handgelenk
counselling *BE*, **counseling** *AE*	Beratung (z. B. psychologische)
spokesperson	Sprecher(in)
prescription	Rezept, Verordnung, Vorschrift
aggression	Aggression, Angriff, Überfall
workforce	Arbeitskräfte
indoors	im Haus, drinnen
sincere	aufrichtig, ehrlich
willingness	Bereitwilligkeit, Willigkeit
grandparent	Großvater oder Großmutter
spotlight *PS* spotlit *PP* spotlit	Rampenlicht, Scheinwerfer; anstrahlen
backward [auch: backwards *BE*]	zurückgeblieben; rückwärts, zurück
horrible	abscheulich, entsetzlich, schrecklich
pause	Pause; pausieren, zögern
grief	Gram, Kummer
noisy *KO* noisier *SU* noisiest	laut, geräuschvoll
adolescent	jugendlich; Heranwachsende, Jugendliche
tuition	Schulgeld, Unterricht
sticky	klebrig, haftend
encouragement	Aufmunterung, Ermunterung
curiosity	Neugier, Neugierde
frustrating	frustrierend, enttäuschend
obsession	Besessenheit
poisonous	giftig, toxisch
aspiration	Aspiration, Streben, Ziel, Sehnsucht
pity	Mitleid, Bedauern
dependence	Abhängigkeit
lately	kürzlich
sensible	vernünftig, verständig
delicate	feinfühlig, zart
crowded	überfüllt
transparency	Diapositiv, Durchsichtigkeit, Folie
depressed	deprimiert, gedrückt
weed	Unkraut, Unkraut jäten
vicious	bösartig, lasterhaft
annoying	belästigend, lästig, ärgerlich
lazy *KO* lazier *SU* laziest	faul, träge
stiff	hart, schwierig, starr, steif; Kassiber, Leiche
stare	Blick; starren
disclosure	Aufdeckung, Enthüllung, Eröffnung
oven	Backofen, Ofen
long-standing	langjährig
evoke	hervorrufen

asleep	schlafend
homework	Hausarbeit, Heimarbeit
taxpayer	Steuerzahler(in)
infer *PS* inferred *PP* inferred *VF* inferring	folgern
motorist	Autofahrer(in)
turnover	Umsatz
high-profile	im Fokus der Öffentlichkeit stehend, sehr öffentlich
seventy	siebzig
disturbing	beunruhigend
incidence	Einfall, Vorkommen
embarrassment	Verlegenheit, Peinlichkeit
idiot	Blödel, Blödian, Idiot, Schwachkopf, Trottel
elbow	Ellbogen, Knie; rempeln
insertion	Einfügung
creep *PS* crept *PP* crept	Duckmäuser(in), Leisetreter(in); kriechen, schleichen
reassure	beruhigen, versichern
glorious	glorreich, herrlich, prächtig
sexy *KO* sexier *SU* sexiest	sexy
washing	Waschen, Wäsche; waschend
inevitably	zwangsläufig
short-term	kurzfristig, kurzzeitig
curly *KO* curlier *SU* curliest	lockig, gekräuselt
hungry *KO* hungrier *SU* hungriest	hungrig
contemplate	betrachten, nachdenken
relax	entspannen

Vokabeln 6101 bis 6200

recycle	recyceln, wieder aufbereiten
fundamentally	im Grunde
ironic	ironisch
tsunami	Tsunami, Flutwelle
squeeze	Gedränge; auspressen, pressen
cute	niedlich, süß
litter	Abfall; ferkeln, werfen, übersäen
appetite	Appetit
breathe	atmen
recession	Rezession
urgent	dringend, dringlich, vordringlich, zwingend
reminder	Erinnerung
firefighter	Feuerwehrfrau, Feuerwehrmann
memo	Notiz
indulge	sich hingeben, verwöhnen

flawed	beschädigt, defekt, fehlerhaft
seeker	Sucher(in)
imminent	bevorstehend
uncomfortable	unbehaglich, unbequem, ungemütlich
ethic	Ethik, Moral
unfold	entfalten
receipt	Empfang, Quittung
mosquito *PL* mosquitoes	Moskito, Stechmücke
rubbish	Abfall, Müll
isolate	isolieren
worthwhile	lohnenswert, erstrebenswert
appealing	ansprechend, flehend
plunge	Eintauchen, Kopfsprung, Sturz; eintauchen, tauchen
certainty	Tatsache, Gewissheit, Sicherheit
upward [auch: upwards *BE*]	aufwärts
cheek	Backe, Wange, Frechheit
gut *PS* gutted *PP* gutted	Darm; ausweiden
accumulation	Anhäufung, Ansammlung, Häufung
flu	Grippe
defy	herausfordern, trotzen
shiny *KO* shinier *SU* shiniest	glänzend, schimmernd
mobilize	mobilisieren
dumb	stumm
boring	langweilig; Bohrung, Bohrloch
liable	verantwortlich, verpflichtet
instinct	Instinkt
tempt	verleiten, versuchen
allowance	Taschengeld, Erlaubnis, Bewilligung
downward [auch: downwards *BE*	rückläufig; abwärts
cling *PS* clung *PP* clung	festhalten, sich anklammern
quota	Anteil
backdrop	Hintergrund, Kulisse, Prospekt
chunk	Klotz, Stück
contempt	Verachtung
relaxed	entspannt
old-fashioned [auch: old fashioned]	altmodisch, antiquiert
restraint	Zurückhaltung
bureaucracy	Bürokratie
optimism	Optimismus
realization	Verwirklichung
reckon	rechnen, zählen
rub *PS* rubbed *PP* rubbed *VF* rubbing	reiben

extremist	extremistisch; Extremist, Ultra
superb	grandios, großartig, hervorragend
miserable	elend, unglücklich
accountability	Verantwortung, Haftung, Rechenschaft
atrocity	Grausamkeit, Gräuel, Gräueltat, Quälerei
embarrassed	verlegen, peinlich berührt
genuinely	echt
emotionally	gefühlsmäßig
neat	ordentlich, sauber
turnout	Aufmachung
refrigerator	Kühlschrank
unemployed	arbeitslos, unbeschäftigt
indictment	Anklage
injustice	Ungerechtigkeit
wardrobe *BE*, closet *AE*	Kleiderschrank *AE*, Toilette *BE*; heimlich
dime	Zehncentmünze, zehn Cent
therapist	Therapeut
eighty	achtzig
intended	beabsichtigt, geplant
waiter	Kellner(in), Bedienung
headache	Kopfschmerzen
soar	aufsteigen
charming	anmutig, bezaubernd, charmant, entzückend, liebenswürdig, reizend
benchmark	Maßstab, Bewertung, Bezugspunkt
dilemma	Dilemma, Zwangslage
fashionable	elegant, modern, modisch
vibrant	schwingend
fascinating	faszinierend
loom	Webstuhl; sich abzeichnen
scared	bange, erschrocken, ängstlich
carrot	Karotte, Möhre
behalf	im Namen von, zugunsten von
stun *PS* stunned *PP* stunned *VF* stunning	betäuben
terrify	erschrecken
notebook	Notizbuch
unpleasant	unangenehm
whisper	Geflüster; flüstern
desperately	dringend, verzweifelt
fragile	brüchig, schwach, zerbrechlich
hesitate	zaudern, zögern
bored	gelangweilt
FALSE	falsch [in der Informatik]
TRUE	wahr [in der Informatik]

Vokabeln 6201 bis 6260

timely KO timelier SU timeliest	rechtzeitig
hurry	Eile; eilen, sich beeilen
competence	Zuständigkeit
unconstitutional	verfassungswidrig
compassion	Mitleid
irony	Ironie
thoughtful	nachdenklich, aufmerksam
counselor	Berater(in), Ratgeber(in)
fairness	Fairness
stunning	atemberaubend, toll, überwältigend
starve	hungern, verhungern
handy KO handier SU handiest	griffig, handlich
awful	furchtbar, schrecklich
cocktail	Cocktail
sailing	Segeln, Schifffahrt; segelnd
fasten	befestigen, fasten, verzichten
ours	unser(e,s)
goodness	Güte, Tugendhaftigkeit
downstairs	unten, im Erdgeschoss, im Untergeschoss
frightened	verängstigt, erschrocken
gorgeous	wunderschön, hinreißend
cynical	zynisch, misstrauisch
underwear	Unterwäsche
towel	Handtuch, Tuch
terrific	fantastisch, großartig
ashamed	beschämt, peinlich berührt
bee	Biene, Insekt
blond	blond, hellhaarig
terribly	schrecklich, furchtbar
mum	Mama, Mutter
cheerful	fröhlich, heiter
hilarious	urkomisch, sehr lustig
loudly	laut, lautstark
cutting	schneidend, einschneidend
spicy KO spicier SU spiciest	würzig, scharf
careless	unvorsichtig, nachlässig
tidy KO tidier SU tidiest	ordentlich, aufräumen
dishonest	unehrlich, betrügerisch
sigh	seufzen, Seufzer
lad BE	Junge, Bursche
accused	beschuldigt, angeklagt
grin PS grinned PP grinned VF grinning	grinsen, schmunzeln; Grinsen
spokeswoman	Sprecherin

impatient	ungeduldig, gereizt
cupboard	Schrank, Vorratsschrank
outing	Ausflug, Unternehmung
sneaker	Turnschuh, Sportschuh
booking	Buchung, Reservierung; reservierend
shrug *PS* shrugged *PP* shrugged *VF* shrugging	mit den Schultern zucken; Achselzucken
oh	oh, ach
cooker *BE*	Herd
fridge	Kühlschrank
thankfully	glücklicherweise, dankenswerterweise
thirsty *KO* thirstier *SU* thirstiest	durstig
frightening	beängstigend, furchterregend
thought-provoking	nachdenklich stimmend,
intriguing	faszinierend, interessant
enquire	erkundigen, fragen
feeding	Fütterung, Ernährung
cleaning	Reinigung